Sinn-volle Geschichten 2

88 Weisheiten, Erzählungen und Zitate, die berühren und inspirieren.

Gisela Rieger

ziel
Gelbe Reihe : Praktische Erlebnispädagogik

Wichtiger Hinweis des Verlags: Der Verlag hat sich bemüht, die Copyright-Inhaber aller verwendeten Zitate, Texte, Bilder, Abbildungen und Illustrationen zu ermitteln. Leider gelang dies nicht in allen Fällen. Sollten wir jemanden übergangen haben, so bitten wir die Copyright-Inhaber, sich mit uns in Verbindung zu setzen.

Inhalt und Form des vorliegenden Bandes liegen in der Verantwortung des Autors.

Bibliografische Information der Deutschen Nationalbibliothek
Die Deutsche Nationalbibliothek verzeichnet diese Publikation in der Deutschen Nationalbibliografie; detaillierte bibliografische Daten sind im Internet über *http://dnb.d-nb.de* abrufbar.

Printed in Germany

ISBN 978-3-940 562-91-3

Verlag:	ZIEL – Zentrum für interdisziplinäres erfahrungsorientiertes Lernen GmbH Zeuggasse 7–9, 86150 Augsburg, www.ziel-verlag.de 1. Auflage 2013
Grafik und Layoutgestaltung:	Friends Media Group GmbH Zeuggasse 7, 86150 Augsburg
Fotos und Abbildungen:	fotolia.com (Alekss; Stefan Körber; tr3gi), Christina Sellner, Anja Steiner
Gesamtherstellung:	Friends Media Group GmbH www.friends-media-group.de

Gedruckt auf Recystar matt (100% Altpapier, „Blauer Engel")

INHALTSVERZEICHNIS

VORWORT

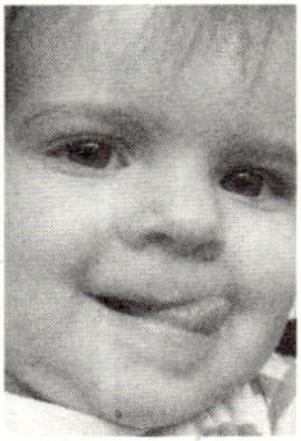

Kleinen Kindern erzählt man Geschichten zum Einschlafen.

Erwachsene lesen Geschichten zum „Aufwachen“.

Schon als Kind war ich gerne unter Menschen, liebte die Natur und Geschichten. Besonders begeistert war ich von Märchen, die mir vorgelesen wurden sowie den Erzählungen von wahren oder erfundenen Begebenheiten.

Vor vielen Jahren begann ich all die faszinierenden und hintergründigen Texte zu sammeln, die mich bereits mein ganzes Leben positiv begleitet haben. Dabei stellte ich fest, dass es Geschichten zu allen möglichen Themengebieten und Lebenssituationen gibt.

In meinen Seminaren, Trainings, Workshops oder Vorträgen baue ich je nach Thematik gerne die passende Geschichte oder Metapher ein. Die Teilnehmer können sich entspannt zurücklehnen und beim Zuhören in die darin enthaltene Bilderwelt eintauchen. Da unser Unterbewusstsein in Bildern denkt, führen erzählte Geschichten zu einem wesentlich besseren Zugang zu sich selbst und seinem Umfeld. Dies erleichtert das Umdenken und ermöglicht Einsichten, Erkenntnisse und Lerneffekte, die durch das reine Ansprechen des Intellekts nicht möglich wären.

Ganz herzlich möchte ich mich bei den Lesern von Band 1 für das wundervolle und berührende Feedback zu meiner Geschichten-Sammlung bedanken.

Hierzu ein paar Auszüge:

- … bei der Geschichte *„Zu schnell gefahren"*, wurde mir bewusst wie oft ich in der Hektik des Alltags immer wieder viel zu schnell fahre – ich habe daraufhin beschlossen in Zukunft langsamer und bewusster zu fahren, auch ich habe drei kleine Kinder …
- … schlicht überwältigt hat mich die Geschichte *„Es wird für irgendetwas gut sein"*, ich blickte in meinem Leben zurück und bemerkte erstmalig bewusst, dass frühere schwierige Situationen „für irgend etwas gut waren".
  Z. B. zerbrach ich fast an meiner Kündigung – drei Monate später bekam ich meinen Traumjob mit viel mehr Gehalt …

Nun wünsche ich Ihnen viel Freude und auch manchen tiefsinnigen Gedanken beim Lesen der Lektüre.

Herzlichst Ihre
Gisela Rieger

DER ENGEL IM TRAUM

Eine junge Frau betrat im Traum einen wunderschönen alten Laden.
Hinter der Ladentheke sah sie einen großen Engel stehen.
Aufgeregt fragte die junge Frau den Engel: „Was verkaufen sie, mein Herr?"

Der Engel antwortete freundlich: „Alles, was du dir wünschst."

Hocherfreut begann sie zu bestellen: „Dann hätte ich gerne den Weltfrieden, die Abschaffung von Armut und Hunger, eine saubere Umwelt, viel mehr Liebe unter den Menschen, und …

„Halt", fiel ihr da der Engel ins Wort, „entschuldige, aber du hast mich falsch verstanden, ich verkaufe hier keine Früchte, ich verkaufe hier nur den Samen."

Quelle: unbekannt – leicht umgeschrieben Gisela Rieger
Stichwörter: Weisheit, Wünsche, Weltveränderung

IN SICH SELBST …

„Es ist nicht leicht, das Glück in sich selbst zu finden,
doch es ist unmöglich, es anderswo zu finden."

Quelle: Orientalische Weisheit
Stichwörter: Erkenntnis, Glück, Weisheit

WENN DER GEIST FREI VON ...

Wenn der Geist
frei von Furcht ist,
frei von Schuldgefühlen,
frei von Zorn und zentriert ist,
dann kann er den Körper
von jeder Krankheit heilen.

Quelle: Sri Sri Ravi Shankar
Stichwörter: Bewusstsein, Krankheit, Heilung

WENN WIR DASSELBE TUN WIE ALLE ANDEREN ...

Wenn wir dasselbe tun wie alle anderen, ist es verdammt schwer, unsere Einzigartigkeit zum Ausdruck zu bringen.

Verfasser: Brendan Francis
Stichwörter: Einzigartigkeit, Nachahmen, Weisheit

DIE INSEL DER GEFÜHLE

Vor langer Zeit existierte einmal eine wunderschöne, kleine Insel. Auf dieser Insel waren alle Gefühle der Menschen zu Hause: Der Humor und die gute Laune, die Traurigkeit und die Einsamkeit, das Glück und das Wissen und all die vielen anderen Gefühle. Natürlich lebte auch die Liebe dort.

Eines Tages wurde den Gefühlen jedoch überraschend mitgeteilt, dass die Insel sinken würde. Also machten alle ihre Schiffe seeklar, um die Insel zu verlassen. Nur die Liebe wollte bis zum letzten Augenblick warten, denn sie hing sehr an ihrer Insel.

Bevor die Insel sank, bat die Liebe die anderen um Hilfe.

Als der Reichtum auf einem sehr luxuriösen Schiff die Insel verließ, fragte ihn die Liebe: „Reichtum, kannst du mich mitnehmen?"

„Nein, ich kann nicht. Auf meinem Schiff habe ich sehr viel Gold, Silber und Edelsteine. Da ist kein Platz mehr für dich."

Also fragte die Liebe den Stolz, der auf einem wunderbaren Schiff vorbeikam. „Stolz, bitte, kannst du mich mitnehmen?"

„Liebe, ich kann dich nicht mitnehmen", antwortete der Stolz, „hier ist alles perfekt und du könntest mein schönes Schiff beschädigen."

Als nächstes fragte die Liebe die Traurigkeit: „Traurigkeit, bitte nimm du mich mit."

„Oh Liebe", sagte die Traurigkeit, „ich bin so traurig, dass ich allein bleiben muss."

Als die gute Laune losfuhr, war sie so zufrieden und ausgelassen, dass sie nicht einmal hörte, dass die Liebe sie rief.

Plötzlich aber rief eine Stimme: „Komm Liebe, ich nehme dich mit."

Die Liebe war so dankbar und so glücklich, dass sie ganz und gar vergaß, ihren Retter nach seinem Namen zu fragen.

Später fragte die Liebe das Wissen: „Wissen, kannst du mir vielleicht sagen, wer es war, der mir geholfen hat?"

„Ja sicher", antwortete das Wissen, „das war die Zeit."

„Die Zeit?" fragte die Liebe erstaunt, „Warum hat mir denn die Zeit geholfen?"

Und das Wissen antwortete: „Weil nur die Zeit versteht, wie wichtig die Liebe im Leben ist." ◀

Verfasser: unbekannt
Stichwörter: Erkenntnis, Hilfsbereitschaft, Gefühle, Liebe

ICH BAT UM …

Ich bat um Kraft …
und mir wurden Schwierigkeiten gegeben,
um mich stark zu machen.

Ich bat um Weisheit …
und mir wurden Probleme gegeben,
um sie zu lösen und dadurch Weisheit zu erlangen.

Ich bat um Wohlstand …
und mir wurde ein Gehirn und Muskelkraft gegeben,
um zu arbeiten.

Ich bat um Mut …
und mir wurden Hindernisse gegeben,
um sie zu überwinden.

Ich bat um Liebe …
und mir wurden besorgte, unruhige Menschen mit Problemen gegeben,
um ihnen beizustehen.

Ich bat um Entscheidungen …
und mir wurden Gelegenheiten gegeben.

Ich bekam nichts, was ich wollte … *Aber ich bekam alles, was ich brauchte.* ◄

Quelle: unbekannt
Stichwörter: Kraft, Weisheit, Mut, Liebe

DIE BLINDEN FÜCHSE

Es war einmal ein Fuchs, der täglich brav seine Arbeit verrichtete. Er vertilgte die schädlichen Waldmäuse und vergriff sich nur selten an Hasen und Waldhühnern. Gewissenhaft pflegte er auch seinen groß angelegten unterirdischen Bau, den er von seinem Vater geerbt hatte.

Eines Tages, es war an einem kalten Wintertag Ende Februar, beschloss er zu heiraten. Er fand auch bald eine vernünftige Frau, die gerne bereit war, mit ihm eine Familie zu gründen. Sie war eine stille Füchsin, wenn sie auch von den Menschen Petze genannt wurde. Nachdem sie Ende April sechs Junge geworfen hatte, rupfte sie sich selbstlos Wolle aus ihrem Bauch, um den Kindern im Kessel der Höhle ein warmes Nest zu bereiten und gleichzeitig ihre Zitzen freizulegen, denn die Kleinen hatten Hunger.

Reineke, ihr Gemahl, war sehr stolz auf seine Füchsin und auf die Kinder. Er holte Mais-, Mist- und Rüsselkäfer, Regenwürmer, Schnecken, Frösche, Mäuse, Maulwürfe, Ratten, ja sogar Vögel und manchmal ein gestohlenes Huhn oder einen mühsam erjagten Hasen – alles nur, um seiner Frau die ungewohnte Mutterarbeit zu erleichtern.

Doch wie erschrak der Vater, als er seine kleinen Wuscheltierchen nach drei Tagen zum ersten Mal näher betrachtete: Sie waren blind, alle sechs.

Da weinte der Fuchs, und auch seiner Frau liefen die Tränen der Verzweiflung aus den liebevoll-traurigen Augen. Als sie ihren ersten Schmerz verwunden hatten, meinten sie, ihre Kinder trösten zu müssen und sprachen ihnen gut zu.

Die Kleinen aber reagierten nicht, sie hörten überhaupt nicht zu.

„Nun ja“, sagte die Mutter mit zaghafter Hoffnung, „sie kennen es ja nicht anders. Warum sollen sie darunter leiden, dass sie blind sind? Solange wir sie versorgen, ist es ja egal.“

Reineke dachte an die zierlichen Gräser, an die lieblichen Blumen, an die wuschelig-freundlichen Büsche und an die hochmütigen Bäume. Das alles nicht sehen zu können, und die Erde nicht, nicht das Wasser und nicht den Himmel, das musste unerträglich sein, bei aller Fürsorge, das war nicht auszuhalten. Er schwieg aber, um den Gram seiner Frau nicht mit seinem noch zu erschweren.

Bald bewies es sich aber, dass die Kinder nicht nur blind waren, sondern auch taub. Dass sie nicht zuhörten, war keine Gleichgültigkeit, sie vernahmen gar nicht, was die Eltern sagten.

„Sollen wir sie töten?“ fragte die verzweifelte Mutter ihren Mann. Dieser erriet sofort, warum sie so grausam überlegte.

„Sie haben keine Chance“, murmelte er kummervoll, „sobald sie auf sich selbst angewiesen sind, gehen sie zugrunde. Nicht einmal eine Maus werden sie sich fangen können. Vielleicht ist es wirklich besser, ihnen den langsamen Hungertod zu ersparen.“

„Nein!“ schrie da die Frau. Obwohl sie den Gedanken zuerst ausgesprochen hatte, hielt sie ihrem Mann nun Herzlosigkeit vor. Er gab sofort und sehr gerne nach. So besiegte die Klugheit der Liebe die Berechnung des Verstandes.

Und als die kleinen Füchse vierzehn Tage alt waren, siehe, da öffneten sie ihre Augen und die Ohren, und nach weiteren vierzehn Tagen tollten und purzelten die grauwolligen Kerlchen vor dem Bau im Sonnenlicht umher.

„Diese Blagen“, sagte der Fuchs und sah seinen Kindern zärtlich zu, „kaum haben sie ihre fünf Sinne beisammen, haben sie nichts als Unsinn im Kopf.“ ◄

Verfasser: Helmut Wördemann mit freundlicher Genehmigung
Stichwörter: Entwicklung, Eltern, Behinderung

AUS DEM ZEN

Wenn du einen Vogel zu fest in der Hand hältst, stirbt er.

Wenn du ihn stattdessen loslässt und er davon fliegt, hat er dir von vorne herein nicht gehört. Soll er aber an unserer Seite sein, so kommt er zurück, sobald du ihm die Freiheit geschenkt hast.

Genauso ist es mit der Liebe!

Liebe ist ein Kind der Freiheit! Knüpfst du Bedingungen an sie, dann stirbt sie. Lässt du sie frei, dann kann sie dir erblühen wie eine Rose. ◄

Quelle: Aus dem Zen
Stichwörter: Liebe, Entwicklung, Loslassen

HARRY, DER BETTLER AUF DER THEMSEBRÜCKE

Harry, ein junger arbeitsloser Mann, stand auf der Themsebrücke in London und bettelte. Für ihn hatte niemand Arbeit, obwohl er alles versucht hatte. Eines Tages tippte ein junger, elegant gekleideter Geschäftsmann Harry auf die Schulter und sagte zu ihm:

„Junger Mann, ich gebe Ihnen keinen Penny, aber ich gebe Ihnen einen guten Rat, der mehr wert ist als alles Geld, das ich Ihnen geben könnte. Machen Sie sich nützlich."

Und ohne Gruß setzte der junge Mann seinen Weg fort. Während Harry noch seinen Gedanken nachhing, ging eine alte Frau über die Brücke. Sie zog einen Handkarren hinter sich her, hoch beladen mit Tabakkisten. In diesem Augenblick durchzuckte Harry der Gedanke wie ein Blitz, „Sich nützlich machen!"

Wäre das nicht eine Gelegenheit?! Gedacht – getan. Harry lief der Frau nach und half ihr, den Handkarren zu schieben. Doch was passierte – er war kaum einige Schritte hinter dem Karren hergegangen, da blieb die alte Frau stehen und kam nach hinten und schimpfte voller Misstrauen „Scher dich weg, du Strolch!" Harry versuchte, die alte Frau zu beruhigen, indem er ihr beteuerte, er habe denselben Weg und wollte sich ihr nur nützlich machen. Widerwillig ließ sich die alte Frau dazu bewegen, den Weg fortzusetzen. Die beiden kamen schließlich zu einem Lagerhaus, wo Harry half, die Kisten abzuladen.

Im Lagerhaus sah Harry, wie andere Arbeiter damit beschäftigt waren, Eisenbahnwaggons zu beladen. Als er bemerkte, dass ein Arbeiter Mühe hatte, mit seiner schweren Kiste zurechtzukommen, legte er ebenfalls Hand an und half mit, die Waggons zu beladen. Es dauerte nicht lange, bis ein Vorarbeiter vorbeikam. „Wie lange haben Sie denn schon da geholfen?“ fragte er ihn. „Kommen Sie mit mir an die Kasse, wir bezahlen Ihnen den Lohn, den Sie verdient haben. Dann aber verschwinden Sie.“ Am anderen Tag erwachte Harry recht unternehmungslustig und er überlegte sich, was er heute tun könnte. Es fiel ihm nichts Besseres ein, als erneut den Weg zu jenem Lagerhaus einzuschlagen, um zu sehen, ob evtl. wieder Eisenbahnwaggons beladen würden. Er musste aber feststellen, dass dies nicht der Fall war.

In den kommenden Wochen ging er nun alle Tage zu diesem Lagerhaus, um gelegentlich wenigstens während einiger Stunden doch Hand anlegen zu können. Eines Tages kam der Vorarbeiter auf ihn zu und erzählte ihm, dass einer der älteren Arbeiter gestorben sei. Und er sagte: „Wenn Sie es wünschen, können Sie in die Firma eintreten und für uns arbeiten.“ Harry sagte zu. Auch als Arbeiter versuchte er dem Prinzip nachzuleben, „Mache dich unter allen Umständen und zu jeder Zeit nützlich“.

Nun, überrascht es Sie, dass Harry, der Bettler von der Themsebrücke, Generaldirektor eines der größten Transport- und Lagerhausunternehmen in London wurde?! ◀

Verfasser: unbekannt
Stichwörter: Erfolg, Arbeit, Chancen

LÖSUNG AUSSER ATEM

Die besten Ideen und Lösungen kommen immer dann,
wenn man sie am wenigsten erwartet – plötzlich sind sie da.
Meist dann, wenn man etwas anders macht,
abschaltet und sich gar nicht mit dem Problem beschäftigt.
Dazu eine kleine Geschichte:

Es war einmal ein Mann, der für sein Problem verzweifelt eine Lösung suchte. Aber wo immer er auch suchte, er konnte die Lösung nicht finden.

Die Lösung selbst war völlig außer Atem, da sie ständig versuchte, den Mann einzuholen. Der suchende Mann war aber so schnell, dass sie ihn nie erreichte. Schließlich war der Mann vom Suchen so müde geworden, dass er sich unter einen Baum legte, zum Himmel blickte, die weißen Wolken beobachtete, die Sonnenstrahlen genoss, die durch die Blätter blinzelten und schließlich einschlief.

Die Lösung, die schon die Hoffnung aufgegeben hatte, den Mann jemals einzuholen, stolperte über ihn. Der Mann wachte auf und hatte plötzlich die Lösung vor den Augen. ◄

Verfasser: unbekannt
Stichwörter: Lösungen, Probleme, Bewusstsein

LIEBE HEISST

Liebe heißt, Wärme auszustrahlen,
ohne einander zu ersticken.

Liebe heißt, Feuer zu sein,
ohne einander zu verbrennen.

Liebe heißt, einander nahe zu sein,
ohne einander zu besitzen.

Liebe heißt, viel voneinander zu halten,
ohne einander festzuhalten.

Liebe ist das große Abenteuer des menschlichen Herzens.
Spüren Menschen das Herz eines Menschen, dann kommen sie zum Leben.

Liebe ist der einzige Weg, auf dem Menschen menschlicher werden.

Allein die Liebe ist das Haus, in dem wir wohnen können.

Quelle: Phil Bosmans
Stichwörter: Achtsamkeit, Akzeptanz, Liebe

LORD KRISHNA UND DIE ZWEI KÖNIGE

Der göttliche Krishna wollte die Weisheit seiner Könige testen. Er ließ den König Duryodana, der für seine Grausamkeit, Gier und Habsucht bekannt war, zu sich rufen und sagte ihm: „Ich möchte, dass du dich auf die Reise machst und einen wahrhaft guten Menschen findest. Bringe ihn bitte zu mir!"

Nach Jahren der Wanderschaft kam er zurück zu Krishna und berichtete: „Ich habe die ganze Welt bereist und überall nach einem wahrhaft guten Menschen gesucht, aber ich konnte ihn nicht finden. Alle Menschen sind grausam, gierig, habsüchtig und böse."

Daraufhin ließ der göttliche Krishna den König Dhammaraja rufen, der für seine Güte und Selbstlosigkeit bekannt war und befahl ihm: „Ich möchte, dass du dich auf die Reise machst und einen wahrhaft bösen und grausamen Menschen suchst. Wenn du ihn gefunden hast, bringe ihn bitte zu mir."

Also machte sich Dhammaraja auf die Reise. Auch er war jahrelang unterwegs – überall nach bösen Menschen suchend. Schließlich kehrte er zu Krishna zurück und berichtete: „Ich konnte nicht finden, was ich suchen sollte. Es mag Leute geben, die Fehler machen – vielleicht weil sie misshandelt oder unterdrückt oder irregeleitet wurden, aber ich konnte niemanden finden, der böse ist. In ihrem Herzen sind alle Menschen gut." ◄

Quelle: Aus den Upanischaden
Stichwörter: Güte, Natur des Menschen, Wahrnehmung

FÜR DICH

Manche Menschen wissen nicht,

⇨ *dass ohne sie etwas fehlen würde.*

Manche Menschen wissen nicht,

⇨ *dass allein ihre Gegenwart uns gut tut.*

Manche Menschen wissen nicht,

⇨ *dass sie unser Herz erwärmen.*

Manche Menschen wissen nicht,

⇨ *dass wir ihre Stimme lieben.*

Manche Menschen wissen nicht,

⇨ *dass wir Frieden empfinden, wenn wir in ihre Augen sehen.*

Manche Menschen wissen nicht,

⇨ *dass es einfach nur gut ist, dass es sie gibt.*

Manche Menschen wissen nicht,

⇨ *wie dankbar wir für sie sind.*

Manche Menschen wissen nicht,

⇨ *wie sehr wir sie lieben oder, wenn sie einst waren –*
wie sehr wir sie geliebt haben.

Sie wüssten es, würden wir es ihnen sagen.

Verfasser: Frei nach Paul Celan
Stichwörter: Freundschaft, Kommunikation, Liebe, Wertschätzung

ZWEI STEINE

Einstmals kam ein Edelmann zu einem anderen, der sein Freund war, und dieser zeigte ihm seine Kleinode und die Ringe seiner Frau. Darin waren Edelsteine gefasst, und einer war wohl an die dreihundert Gulden wert, ein anderer gar an die sechshundert Gulden.

Da fragte der Gast: „Welchen Nutzen bringen dir wohl diese Steine?“

Der Hausherr sprach: „Keinen.“

„Nun“, erwiderte der Freund, „ich habe zwei Edelsteine, die bringen mir jährlich mehr denn neunhundert Gulden.“

Bald darauf besuchte der Freund nun den anderen, um sich dessen Steine zu betrachten. Da führte ihn der Hausherr an seine Mühle und zeigte ihm dort die Mühlsteine und sprach: „Diese hier sind es.“

Verfasser: unbekannt
Stichwörter: Erfolg, Erkenntnis, Werte, wahrer Reichtum

DER SEUCHENGOTT

Eines Tages saß ein alter, weiser Mann unter einem Baum,
als der Seuchengott des Weges kam.
Der Weise fragte ihn: „Wohin gehst du?"

Der Seuchengott antwortet: „Ich gehe in die Stadt und werde dort 100 Menschen töten."

Einige Monate später kam der Dämon auf seiner Rückreise
wieder an dem alten Weisen vorbei.
Der Weise hielt ihn auf und sprach zu ihm:
„Du sagtest mir, du wolltest 100 Menschen töten.
Reisende aber haben mir berichtet, es wären zehntausend geworden."

Der Seuchengott aber sprach: „Ich tötete nur hundert.
Die anderen hat die Angst umgebracht."

Verfasser: unbekannt
Stichwörter: Angst, Krankheit, Eigenverantwortung

DIE STIMMEN IN UNS

Erst wenn wir uns von den Stimmen in uns und
um uns herum nicht mehr vorschreiben lassen,

wer wir sein sollen,

werden wir wissen, wer wir sind und
können gehen, wohin wir wollen.

Verfasser: Jochen Marris
Stichwörter: Bewusstheit, Erfolg, Freiheit, Selbstverwirklichung

SELBER WISSEN WAS RICHTIG IST...

Ein Vater zog mit seinem Sohn und einem Esel in der Mittagsglut durch die staubigen Gassen von Keshan.

Der Vater saß auf dem Esel, den der Junge führte.

„Der arme Junge", sagte da ein Vorübergehender. „Seine kurzen Beinchen versuchen mit dem Tempo des Esels Schritt zu halten. Wie kann man so faul auf dem Esel herumsitzen, wenn man sieht, dass das kleine Kind sich müde läuft."

Der Vater nahm sich dies zu Herzen, stieg hinter der nächsten Ecke ab und ließ den Jungen aufsitzen.

Gar nicht lange dauerte es, da erhob schon wieder ein Vorübergehender seine Stimme: „So eine Unverschämtheit. Sitzt doch der kleine Bengel wie ein Sultan auf dem Esel, während sein armer, alter Vater daneben herläuft."

Dies schmerzte den Jungen und er bat den Vater, sich hinter ihn auf den Esel zu setzten.

„Hat man so was schon gesehen?" keifte eine Frau, „solche Tierquälerei! Dem armen Esel hängt der Rücken durch, und der alte und der junge Nichtsnutz ruhen sich auf ihm aus, als wäre er ein Diwan. Die arme Kreatur!"

Die Gescholtenen schauten sich an und stiegen beide, ohne ein Wort zu sagen, vom Esel herunter.

Kaum waren sie wenige Schritte neben dem Tier hergegangen, machte sich ein Fremder über sie lustig: „So dumm möchte ich nicht sein. Wozu führt ihr denn den Esel spazieren, wenn er nichts leistet, euch keinen Nutzen bringt und noch nicht einmal einen von euch trägt?"

Der Vater schob dem Esel eine Hand voll Stroh ins Maul und legte seine Hand auf die Schulter des Sohnes.

„Gleichgültig, was wir machen", sagte er, „es findet sich doch jemand, der damit nicht einverstanden ist. Ich glaube, wir müssen selbst wissen, was wir für richtig halten." ◀

Quelle: Aus Peseschkian. Der Kaufmann und der Papagei
Stichwörter: Beurteilen, Einstellung, Erkenntnis, Sichtweisen

GESCHICHTE EINES INDIANISCHEN GROSSVATERS

Ein alter Indianer saß mit seinem Enkelsohn am Lagerfeuer. Es war schon dunkel geworden und das Feuer knackte, während die Flammen in den Himmel züngelten.

Der Alte sagte nach einer Weile des Schweigens: „Weißt du, wie ich mich manchmal fühle? Es ist, als ob da zwei Wölfe in meinem Herzen miteinander kämpfen würden. Der eine ist der Wolf der Liebe und des Friedens, und der andere ist der Wolf des Ärgers, der Wut und des Krieges."

„Welcher der beiden wird den Kampf um dein Herz gewinnen?" fragte der Junge.
„Der Wolf, den ich füttere." antwortete der Alte. ◀

Quelle: Indianische Geschichte
Stichwörter: Bewusstheit, Einstellung, Gegenwärtigkeit

LIEBESWEISHEIT

Liebe ist das Einzige, das wächst, wenn wir es verschwenden.

Verfasser: Ricarda Huch
Stichwörter: Liebe, Wachstum

UNSER WICHTIGSTES GUT, UNSERE KINDER

Wenn ein Kind kritisiert wird, lernt es zu verurteilen.

Wenn ein Kind angefeindet wird, lernt es zu kämpfen.

Wenn ein Kind verspottet wird, lernt es schüchtern zu sein.

Wenn ein Kind beschämt wird, lernt es sich schuldig zu fühlen.

Wenn ein Kind verstanden und toleriert wird, lernt es geduldig zu sein.

Wenn ein Kind ermutigt wird, lernt es sich selbst zu vertrauen.

Wenn ein Kind gelobt wird, lernt es sich selbst zu schätzen.

Wenn ein Kind gerecht behandelt wird, lernt es gerecht zu sein.

Wenn ein Kind geborgen lebt, lernt es zu vertrauen.

Wenn ein Kind anerkannt wird, lernt es sich selbst zu mögen.

Wenn ein Kind in Freundschaft angenommen wird, lernt es in der Welt Liebe zu finden. ◄

Quelle: Text über dem Eingang einer tibetischen Schule
Stichwörter: Achtsamkeit, Bewusstsein, Erziehung, Werte

LEBENSECHO

Zwei abenteuerhungrige Jungs unternehmen ihre erste Bergtour – ohne Väter – und verlaufen sich prompt.

Umherirrend beginnen sie zu schreien: „Hilfe!“ – da hallt es mehrfach zurück: „Hilfe!“ Das haben sie noch nie erlebt und schreien: „Wer bist du?“ – und wieder hallt es zurück: „Wer bist du?“

Sie sind irritiert, aber auch frech: „Halt den Mund!“ – „Halt den Mund!“, kommt es zurück. Jetzt fangen sie an zu rennen und finden eine kleine Lichtung und eine alte Hütte wird sichtbar. Mit einem flauen Gefühl im Bauch laufen sie darauf zu, Rauch steigt aus dem Kamin empor …

Sie klopfen vorsichtig an und eine männliche Stimme meldet sich in gemütlichem Ton: „Kommt ruhig rein, ich hab’ euch schon lange gehört.“

Zögernd, aber noch mehr neugierig gehen die zwei in die Hütte und treffen auf einen Jäger, der dort zeitweise wohnt. Nachdem der Mann einen sehr freundlichen und gütigen Eindruck macht, erzählen sie ihm von den Stimmen im Wald.

Der Jäger lacht und erklärt: „Ihr seid dem Leben begegnet – die meisten Menschen sagen einfach, das ist ein Echo – aber in Wirklichkeit ist es die Stimme des Lebens, die euch genau das wieder erzählt, was ihr ins Leben hineingerufen habt.
Und wenn ihr ab heute genau aufpasst und beobachtet, dann werdet ihr erkennen, dass ihr immer wieder das vom Leben zurück bekommt, was ihr vorher selber hinausgetragen habt.

Wenn ihr liebevoll und gütig euren Weg geht, werdet ihr Liebe und Güte vom Leben zurück bekommen, wenn ihr mürrisch und achtlos in euer Leben geht, wird euch das Leben ebenso antworten.

Was ihr vom Leben erzählt bekommt, ist der Spiegel eurer inneren Haltung, darum heißt es auch im Volksmund: wie du in den Wald hineinrufst, so schallt es zurück!

Deshalb beklagt euch nicht über das Leben, denn ihr seid es, die es gestalten!" ◄

Verfasser: Martin Ottenloher
Stichwörter: Bewusstheit, Erkenntnis, Eigenverantwortung

INNERE STÄRKE

Wir sollten uns immer wieder daran erinnern,
dass wir in Zeiten größter Schwierigkeiten,
am meisten an Weisheit
und innerer Stärke hinzugewinnen. ◄

Quelle: Dalai Lama
Stichwörter: Schwierigkeiten, Stärke, Weisheit

ZWEI MÖNCHE

Zwei Mönche waren auf der Wanderschaft. Eines Tages kamen sie an einen Fluss. Dort stand eine junge Frau mit wunderschönen Kleidern. Offenbar wollte sie über den Fluss, doch da das Wasser sehr tief war, konnte sie den Fluss nicht durchqueren, ohne ihre Kleider zu beschädigen. Ohne zu zögern ging einer der Mönche auf die Frau zu, hob sie auf seine Schultern und watete mit ihr durch das Wasser. Auf der anderen Flussseite setzte er sie trocken ab. Nachdem der andere Mönch auch durch den Fluss gewatet war, setzten die beiden ihre Wanderung fort. Nach etwa einer Stunde fing der eine Mönch an, den anderen zu kritisieren: „Du weißt schon, dass das, was du getan hast, nicht richtig war, nicht wahr? Du weißt, wir dürfen keinen nahen Kontakt mit Frauen haben. Wie konntest du nur gegen diese Regel verstoßen?“ Der Mönch, der die Frau durch den Fluss getragen hatte, hörte sich die Vorwürfe des anderen ruhig an. Dann antwortete er: „Ich habe die Frau vor einer Stunde am Fluss abgesetzt – warum trägst du sie immer noch mit dir herum?“ ◀

Quelle: The Wisdom of Zen Masters
Stichwörter: Einstellung, Hilfsbereitschaft, Nächstenliebe

DIE PROBLEME DER ANDEREN ...

Es stand einmal in einem Dorf ein uralter, starker Baum. Eines Tages wurden alle Dorfbewohner eingeladen, ihre Sorgen, Probleme und Nöte gut verpackt an diesen Baum zu hängen. Die Bedingung war allerdings, dafür ein anderes Paket mitzunehmen.

Zuhause wurden die fremden Pakete geöffnet. Doch es machte sich Bestürzung breit, denn die Sorgen und Probleme der anderen schienen deutlich größer als die eigenen!

Und so liefen alle wieder zu dem alten Baum und nahmen statt der fremden schnell die eigenen Pakete an sich und gingen zufrieden nach Hause.

Quelle: Geschichte aus Indien
Stichwörter: Erkenntnis, Probleme, Sorgen, Zufriedenheit

GOTT GEBE MIR DIE GELASSENHEIT

Gott gebe mir die Gelassenheit,
die Dinge hinzunehmen, die ich nicht ändern kann,
den Mut, die Dinge zu ändern, die ich ändern kann,
und die Weisheit, das eine vom anderen zu unterscheiden.

Verfasser: Chr. F. Oetinger
Stichwörter: Gelassenheit, Mut, Weisheit

DAS EINZIG WICHTIGE IM LEBEN

Das einzig wichtige im Leben sind
die Spuren von Liebe, die wir hinterlassen, wenn wir weggehen. ◄

Verfasser: Albert Schweizer
Stichwörter: Liebe, Leben

ICH WAR UND BIN NOCH IMMER EIN SUCHENDER

Ich war und bin noch immer ein Suchender,
aber ich habe aufgehört Sterne oder Bücher zu befragen;
ich habe angefangen auf die Lehre zu lauschen, die mein Blut mir zuflüstert. ◄

Verfasser: Hermann Hesse
Stichwörter: Bewusstheit, Erfahrung, Erkenntnis

DER 101. SCHLAG

Ein berühmter Weiser wurde einmal gefragt,
warum er eine Sache trotz großer Hindernisse nicht aufgebe.
Und er gab einen Ratschlag, den alle beherzigen sollten,
die versucht sind zu verzagen, obwohl sie für eine gute Sache arbeiten.

„Haben sie schon einmal einen Steinmetzen bei der Arbeit beobachtet?"
fragte er.

„Er schlägt vielleicht hundertmal auf die gleiche Stelle,
ohne dass auch nur der kleinste Riss sichtbar wird.
Aber dann, beim 101. Schlag, springt der Stein plötzlich entzwei.

Es ist jedoch nicht dieser eine Schlag, der den Erfolg bringt,
sondern die hundert die ihm vorausgegangen waren."

Verfasser: unbekannt
Stichwörter: Herausforderung, Beharrlichkeit, Erfolg

EIN PALAST

Ein sehr armer Mann kam zum Rabbiner: „Es ist schrecklich, Rebbe, ich bin unglücklich wie Hiob. Ich, mein Weib, meine vier Kinder und meine Schwiegermutter leben in einem Zimmer."

Fragte der Rabbi: „Hast du Hühner?" – „Ja, vier."

„Nimm sie herein ins Zimmer."

Der Mann wagte nicht zu widersprechen.

Nach einer Woche kam er zum Rabbi und sagte: „Es ist noch schrecklicher. Die Hühner machen alles dreckig. Eins hat gepickt den Säugling, mein Weib hat sie gejagt über die Betten."

Der Rabbi fragte: „Hast du ein Kalb?"

Und als der Mann ängstlich nickte, sagte er: „Nimm das Kalb herein ins Zimmer."

Nach vier Tagen kam der Mann gerannt: „Rebbe, ich kann's nicht aushalten. Das Kalb brüllt und trampelt auf den Kindern herum, die Hühner fliegen durchs Zimmer und legen Eier ins Bett."

Der Rabbi dachte lange nach, dann fragte er: „Hast du ein Pferd?"

„Ja, ich hab ein kleines – aber Ihr werdet doch nicht wirklich wollen, dass …"

„Nimm herein den Gaul sofort!", verlangte der Rabbi.

Schon am folgenden Morgen kam der Mann schreiend angelaufen:

„Das ist zu viel! Keine Minute länger will ich aushalten diese Hölle.
Wir werden alle völlig verrückt!“

„Nun“, sagte der Rabbi, „wenn du es kannst wirklich nicht aushalten länger, dann nimm heraus die Hühner, heraus das Kalb, heraus den Gaul.“

Der Mann rannte heim. Schon nach einer Stunde kam er wieder
und lachte und klatschte in die Hände und schlug sich die Schenkel:
„Rebbe, ich bin der glücklichste Mensch auf der Welt.
Uns ist, als säßen wir in einem Palast!“

Quelle unbekannt
Stichwörter: Gemeinschaft, Natur des Menschen, Sichtweisen

ZEITEN FÜR DAS SEIN

„Sie müssen in Ihrem Terminkalender
nicht nur Zeiten für Ihr Tun eintragen,
sondern auch Zeiten für Ihr SEIN.“

Verfasser: Dr. Georg Simnacher
Stichwörter: Bewusstheit, Lebensqualität, Termine

SPRUNG IN DER SCHÜSSEL

Es war einmal eine alte chinesische Frau, die zwei große Schüsseln hatte, die von den Enden einer Stange hingen, die sie über ihren Schultern trug.

Eine der Schüsseln hatte einen Sprung, während die andere makellos war und stets eine volle Portion Wasser fasste. Am Ende der langen Wanderung vom Fluss zum Haus der alten Frau war die gesprungene Schüssel jedoch immer nur noch halb voll.

Zwei Jahre lang geschah dies täglich: Die alte Frau brachte immer nur anderthalb Schüsseln Wasser mit nach Hause. Die makellose Schüssel war natürlich sehr stolz auf ihre Leistung. Aber die arme Schüssel mit dem Sprung schämte sich wegen ihres Makels und war betrübt, dass sie nur die Hälfte dessen verrichten konnte, wofür sie gemacht worden war.

Nach zwei Jahren, die ihr wie ein endloses Versagen vorkamen, sprach die Schüssel zu der alten Frau: „Ich schäme mich so wegen meines Sprungs, aus dem den ganzen Weg zu deinem Haus immer Wasser läuft."

Die alte Frau lächelte. „Ist dir aufgefallen, dass auf deiner Seite des Weges Blumen blühen, aber auf der Seite der anderen Schüssel nicht? Ich habe auf deiner Seite des Pfades Blumensamen gesät, weil ich mir deines Fehlers bewusst war. Nun gießt du sie jeden Tag, wenn wir nach Hause laufen. Zwei Jahre lang konnte ich diese wunderschönen Blumen pflücken und den Tisch damit schmücken. Wenn du nicht genauso wärst, wie du bist, würde diese Schönheit nicht existieren und unser Haus beehren." ◄

Verfasser: unbekannt
Stichwörter: Leistung, Verständnis, Weisheit

DIE DREI SIEBE DER WAHRHEIT

Zum weisen Sokrates kam einer gelaufen und sagte:
„Höre, Sokrates, das muss ich dir erzählen!“ „Halt“, unterbrach ihn der Weise, „hast du das, was du mir sagen willst, durch die drei Siebe gesiebt?“
„Drei Siebe?“, fragte der andere voller Verwunderung.

„Ja, guter Freund! Lass sehen, ob das, was du mir sagen willst, durch die drei Siebe hindurchgeht: Das erste ist die Wahrheit. Hast du alles, was du mir erzählen willst, geprüft, ob es wahr ist?“
„Nein, ich hörte es jemanden erzählen und ...“

„So, so! Aber sicher hast du es im zweiten Sieb geprüft. Es ist das Sieb der Güte. Ist das, was du mir erzählen willst gut?“
Zögernd sagte der andere: „Nein, im Gegenteil ...“

„Hm“, unterbrach ihn der Weise, „so lasst uns auch das dritte Sieb noch anwenden. Ist es notwendig, dass du mir das erzählst?“
„Notwendig nun gerade nicht ...“

„Also“, sagte lächelnd der Weise,
„wenn es weder wahr, noch gut, noch notwendig ist,
so lass es begraben sein und belaste dich und mich nicht damit.“ ◄

*Quelle: Sokrates wurde um 470 v. Chr. in Athen geboren und starb 399 v. Chr.
Er gilt als Urvater der Philosophie. Da Sokrates selbst keine Schriften hinterlassen hatte, verdanken wir seine Gedanken und Ideen vorwiegend seinem Schüler Platon.*
Stichwörter: Wahrheit, Notwendigkeit, Kommunikation

DIE LIEBE UND DER ENGEL

Ich saß alleine auf einem Spielplatz auf der Schaukel,
als ein kleines Mädchen zu mir kam … es sah mich schaukeln und meine Tränen.

Es fragte mich: „Warum weinst du?"

Ich sagte: „Wegen der Liebe!"

Das kleine Mädchen schwieg kurz und fragte mich dann: „Was ist Liebe?"

Ich sah es an und versuchte ihr zu antworten … ich dachte kurz nach
und sagte dann: „Liebe ist Trauer!"

Sie meinte kurz drauf: „Nein, das ist es nicht!" Sie berührte mich
sanft im Gesicht und schaute mir in die Augen. „Liebe ist unendliches Glück.
Denn das wunderbarste, was du je lernen kannst, ist zu lieben und
wieder geliebt zu werden und dass du weinst, zeigt mir, dass du lieben kannst,
also solltest du froh darüber sein. Denn es gibt auch Menschen,
die haben nie zu lieben gelernt, also lache lieber! Denn du kannst lieben!"
Mit diesen Worten ging das Mädchen …

Ich trocknete meine Tränen und wollte sie fragen, woher sie diese Weisheit hat,
doch ich konnte das Mädchen nicht mehr finden … und als ich hoch sah,
sah ich einen Engel … ◀

Verfasser: unbekannt
Stichwörter: Erkenntnis, Liebe, Sichtweisen

DER PREDIGER UND DER STALLMEISTER

Der Mullah, ein Prediger, kam in einen Saal, um zu sprechen.
Der Saal war leer, bis auf einen jungen Stallmeister, der in der ersten Reihe saß.
Der Mullah überlegte sich: „Soll ich sprechen oder es lieber sein lassen?“

Schließlich fragte er den Stallmeister: „Es ist niemand außer dir da,
soll ich deiner Meinung nach sprechen oder nicht?“

Der Stallmeister antwortete: „Herr, ich bin ein einfacher Mann,
davon verstehe ich nichts. Aber wenn ich in einen Stall komme und sehe,
dass alle Pferde weggelaufen sind und nur ein einziges dageblieben ist,
werde ich es trotzdem füttern.“

Der Mullah nahm sich das zu Herzen und begann seine Predigt.
Er sprach über zwei Stunden lang. Danach fühlte er sich sehr erleichtert und
glücklich und wollte durch den Zuhörer bestätigt wissen, wie gut seine Rede war.
Er fragte: „Wie hat dir meine Predigt gefallen?“

Der Stallmeister antwortete: „Ich habe bereits gesagt, dass ich ein einfacher Mann bin
und von so etwas nicht viel verstehe. Aber wenn ich in einen Stall komme und sehe,
dass alle Pferde außer einem weggelaufen sind, werde ich es trotzdem füttern.
Ich würde ihm aber nicht das ganze Futter geben, das für alle Pferde gedacht war.“ ◄

Quelle: persische Geschichte nach N. Peseschkian
Stichwörter: Achtsamkeit, Kommunikation, Wissen

DIE SIEBEN WELTWUNDER

Eine Schulklasse wurde gebeten zu notieren, welches für sie die sieben Weltwunder wären.

Folgende Rangliste kam zustande:

1. Pyramiden von Gize
2. Taj Mahal
3. Grand Canyon
4. Panamakanal
5. Empire State Building
6. St. Peters Dom im Vatikan
7. Große Mauer China

Die Lehrerin merkte beim einsammeln der Resultate, dass eine Schülerin noch am Arbeiten war. Deshalb fragte sie die junge Frau, ob sie Probleme mit ihrer Liste hätte.

Sie antwortete: „Ja. Ich konnte meine Entscheidung nicht ganz treffen. Es gibt so viele Wunder."

Die Lehrerin sagte: „Nun, teilen Sie uns das mit, was Sie bisher haben und vielleicht können wir ja helfen."

Die junge Frau zögerte zuerst und las dann vor:

„Für mich sind das die Sieben Weltwunder:

1. Sehen
2. Hören
3. Sich-Berühren
4. Riechen
5. Fühlen
6. Lachen …
7. … und Lieben“

Im Zimmer wurde es ganz still.

Diese alltäglichen Sachen, die wir als selbstverständlich betrachten und oft gar nicht realisieren, sind wirklich wunderbar.

Die kostbarsten Sachen im Leben sind jene,
die nicht gekauft und nicht hergestellt werden können. ◀

Quelle unbekannt
Stichwörter: Sichtweisen, Erkenntnis, Wunder

DIE KRAFT DER WORTE

Eine Geschichte erzählt von einem Sufi, der ein krankes Kind heilte. Er wiederholte einige Worte, dann gab er das Kind seinen Eltern und sagte: „Nun wird es gesund werden."

Jemand, der das nicht glauben wollte, warf ein: „Wie kann das möglich sein, dass irgend jemand durch ein paar wiederholte Worte geheilt werden kann?"

Von einem sanften Sufi erwartet niemand eine zornige Antwort, doch jetzt drehte er sich zu diesem Mann und entgegnete ihm: „Du verstehst nichts davon. Du bist ein Narr!"

Der Mann fühlte sich sehr beleidigt. Sein Gesicht rötete sich, er wurde wütend.

Der Sufi sagte nun: „Wenn ein Wort die Kraft hat, dich wütend zu machen, warum sollte dann ein Wort nicht auch die Kraft haben zu heilen?" ◄

Quelle: Hazrat Inayat Khan (5. Juli 1882 in Baroda; † 5. Februar 1927 in Neu-Delhi), Gründer des Internationalen Sufi-Ordens und der Internationalen Sufi-Bewegung.*
Stichwörter: Erkenntnis, Glaube, Weisheit

SPUREN IM SAND

Eines Nachts hatte ich einen Traum …

Ich ging am Meer entlang mit meinem Herrn. Vor dem dunklen Nachthimmel erstrahlten, Streiflichtern gleich, Bilder aus meinem Leben.

Und jedes Mal sah ich zwei Fußspuren im Sand, meine eigene und die meines Herrn.

Als das letzte Bild an meinen Augen vorübergezogen war, blickte ich zurück.

Ich erschrak, als ich entdeckte, dass an vielen Stellen meines Lebensweges nur eine Spur zu sehen war. Und das waren gerade die schwersten Zeiten meines Lebens.

Besorgt fragte ich den Herrn: „Herr, als ich anfing, dir nachzufolgen,
da hast du mir versprochen, auf allen Wegen bei mir zu sein.
Aber jetzt entdecke ich, dass in den schwersten Zeiten meines Lebens
nur eine Spur im Sand zu sehen ist. Warum hast du mich allein gelassen,
als ich dich am meisten brauchte?"

Da antwortete er: „Mein liebes Kind, ich liebe dich und werde dich nie
allein lassen, erst recht nicht in Nöten und Schwierigkeiten.
Dort, wo du nur eine Spur gesehen hast, da habe ich dich getragen."

Verfasser: Margaret Fishback Powers
Stichwörter: Sichtweisen, Urteilen, Wahrnehmung

LEUCHTKRAFT

Halte Ausschau nach den Farben deiner Seele –
alles, was du fühlst, umgibt dich wie ein Kleid;
deine Augen wissen von durchquerten Traurigkeiten, –
verletzlich bist du, einsam stehend zwischen arm und reich,
doch des Lebens bunte Wärme flutet tief in dir
und allen zugleich.

Autor: Christan Stubbe, aus dem Buch Geschenkter Augenblick
Stichwörter: Bewusstheit, Seele, Weisheit

DIE BEIDEN BRÜDER

Zwei Brüder wohnten einst auf dem Berg Morija. Der jüngere war verheiratet und hatte Kinder, der ältere war unverheiratet und allein.

Die beiden Brüder arbeiteten zusammen, sie pflügten das Feld zusammen und streuten zusammen den Samen aus. Zur Zeit der Ernte brachten sie das Getreide ein und teilten die Garben in zwei gleich große Stöße, für jeden einen Stoß Garben. Als es Nacht geworden war, legte sich jeder der beiden Brüder bei seinen Garben nieder, um zu schlafen.

Der ältere aber konnte keine Ruhe finden und sprach in seinem Herzen: „Mein Bruder hat eine Familie, ich dagegen bin allein und ohne Kinder, und doch habe ich gleich viele Garben genommen wie er. Das ist nicht recht."

Er stand auf, nahm von seinen Garben und schichtete sie heimlich und leise zu den Garben seines Bruders. Dann legte er sich wieder hin und schlief ein.

In der gleichen Nacht nun, geraume Zeit später, erwachte der Jüngere. Auch er musste an seinen Bruder denken und sprach in seinem Herzen: „Mein Bruder ist allein und hat keine Kinder. Wer wird in seinen alten Tagen für ihn sorgen?" Und er stand auf, nahm von seinen Garben und trug sie heimlich und leise hinüber zum Stoß des Älteren.

Als es Tag wurde, erhoben sich die beiden Brüder, und wie war jeder erstaunt, dass ihre Garbenstöße die gleichen waren wie am Abend zuvor. Aber keiner sagte dem anderen ein Wort. In der zweiten Nacht wartete jeder ein Weilchen, bis er den anderen schlafend wähnte. Dann erhoben sie sich, und jeder nahm von seinen Garben, um sie zum Stoß des anderen zu tragen. Auf halbem Weg trafen sie plötzlich aufeinander, und jeder erkannte, wie gut es der andere mit ihm meinte. Da ließen sie ihre Garben fallen und umarmten einander in herzlicher brüderlicher Liebe.

Gott im Himmel aber schaute auf sie hernieder und sprach: „Heilig, heilig sei mir dieser Ort. Hier will ich unter den Menschen wohnen." ◀

Quelle: (Nach Nicolai Erdelyi) Axel Kühner, Überlebensgeschichten für jeden Tag, Aussaat Verlag
Stichwörter: Güte, Hilfsbereitschaft, Menschlichkeit

AUS DEM BRIEF EINER ÄLTEREN DAME

„Könnte ich mein Leben nochmals leben, dann würde ich das nächste Mal riskieren, mehr Fehler zu machen. Ich würde mich entspannen, lockerer und humorvoller sein als dieses Mal. Ich kenne nur sehr wenige Dinge, die ich ernst nehmen würde.

Ich würde mehr verreisen. Und ein bisschen verrückter sein. Ich würde mehr Berge erklimmen, mehr Flüsse durchschwimmen und mir mehr Sonnenuntergänge anschauen. Ich würde mehr spazieren gehen und mir alles besser anschauen. Ich würde öfter ein Eis essen und weniger Bohnen.

Ich hätte mehr echte Schwierigkeiten als eingebildete. Müsste ich es noch einmal machen, ich würde einfach versuchen, immer nur einen Augenblick nach dem anderen zu leben, anstatt jeden schon viele Jahre im Voraus.

Könnte ich noch einmal von vorne anfangen, würde ich viel herumkommen, viele Dinge tun und mit sehr wenig Gepäck reisen, ich würde im Frühjahr früher und im Herbst länger barfuß gehen. Und ich würde öfter die Schule schwänzen."

Verfasser: Nadine Stair, im Alter von 85 Jahren
Stichwörter: Blick für das Wesentliche, Eigenverantwortung, Lebensfreude

WAS DEN UNTERSCHIED MACHT

Ein Maultier, das mit Salzsäcken beladen war, musste auf dem Weg zum Markt einen kleinen Fluss durchqueren.

Durch die Hitze und die schwere Last geschwächt, fiel es hin und blieb einige Augenblicke in der kühlen Flut liegen. Beim Aufstehen fühlte es sich um einen großen Teil seiner Last erleichtert, weil sich das Salz im Wasser aufgelöst hatte.

Obwohl sein Herr sehr zornig über dieses Missgeschick war, merkte sich das Maultier diesen Vorteil und wandte ihn gleich am folgenden Tag an, als es mit Schwämmen beladen, wieder durch diesen Fluss waten musste. Diesmal lies es sich absichtlich hinfallen, sah sich aber arg getäuscht. Sämtliche Schwämme hatten sich mit Wasser vollgesogen und waren bedeutend schwerer geworden als vorher.

Die Last wurde so schwer zu tragen,
dass das Tier vor Erschöpfung zusammenbrach.

Fazit: Nicht jede Methode taugt für jede Situation.

Quelle unbekannt – leicht umgeschrieben von Gisela Rieger
Stichwörter: Annehmen, Arbeit, Erfahrung

WAS ES IST…

Es ist Unsinn – sagt die Vernunft
Es ist was es ist – sagt die Liebe
Es ist Unglück – sagt die Berechnung
Es ist nichts als Schmerz – sagt die Angst
Es ist aussichtslos – sagt die Einsicht
Es ist was es ist – sagt die Liebe
Es ist lächerlich – sagt der Stolz
Es ist leichtsinnig – sagt die Vorsicht
Es ist unmöglich – sagt die Erfahrung
Es ist was es ist – sagt die Liebe

Quelle: Erich Fried
Stichwörter: Bewusstheit, Liebe, Weisheit

DER GARTENZAUN

Es war einmal ein Junge, der einen schlechten Charakter hatte. Sein Vater gab ihm einen Sack voll Nägel und sagte ihm, er müsse jedes Mal, wenn er die Geduld mit jemanden verliere, einen Nagel in den Gartenzaun schlagen.

Am ersten Tag schlug der Junge 37 Nägel in den Gartenzaun.
In den folgenden Wochen lernte er sich zu beherrschen.
Die Anzahl der Nägel im Gartenzaun wurde immer weniger.
Er hatte herausgefunden, dass Nägel zu schlagen mühsamer ist,
als sich zu beherrschen.
Endlich kam der Tag, an dem der Junge keinen Nagel mehr schlagen musste.

Also ging er zum Vater und sagte ihm das.
Der Vater sagte ihm nun, er solle jeden Tag einen Nagel aus
dem Gartenzaun herausreißen, wenn er sich beherrsche.
Endlich konnte der Junge dem Vater sagen,
dass er alle Nägel aus dem Gartenzaun herausgezogen hatte.

Der Vater brachte den Jungen vor den Gartenzaun und sagte ihm:
„Mein Sohn, du hast dich gut benommen, doch schau dir den Gartenzaun an.
Er ist voller Löcher. Der Gartenzaun wird nie mehr so sein wie früher.
Wenn du mit jemandem streitest und du sagst ihm etwas Böses, dann lässt
du ihm eine Wunde wie diese hier. Du kannst ein Messer in einen Menschen stechen,
und du kannst es nachher herausziehen, die Wunde bleibt. Es macht nichts aus,
wie oft du dich entschuldigst, die Wunde wird bleiben. Eine verbale Wunde
ist gleich schmerzhaft wie eine körperliche Wunde. Freunde sind rare Juwelen,
sie bringen dich zum Lachen und sie geben dir Mut. Sie sind bereit dir zuzuhören,
wenn du sie brauchst, sie unterstützen dich und sie öffnen ihr Herz.“ ◀

Quelle: unbekannt
Stichwörter: Kinder, Verantwortung, Achtsamkeit

EINES EINZIGEN MENSCHEN LIEBE

„Sag mir, was wiegt eine Schneeflocke?“ fragte die Tannenmeise die Wildtaube an einem schönen Wintertag.

„Nicht mehr als nichts!“ gab die Taube zur Antwort.

„Dann muss ich dir eine wunderbare Geschichte erzählen“, sagte die Meise.

„Ich saß auf dem Ast einer Fichte, dicht am Stamm, als es zu schneien anfing. Nicht etwa heftig mit Sturmgebraus, nein, lautlos und ohne Schwere, wie im Traum. Da ich nichts Besseres zu tun hatte, zählte ich die Schneeflocken, die auf die Zweige und Nadeln meines Astes fielen und darauf hängenblieben.

Genau *dreimillionensiebenhunderteinundvierzigtausendneunhundertzweiundfünfzig* (3'741'952) waren es.
Als die *dreimillionensiebenhunderteinundvierzigtausendneunhundertdreiundfünfzigste* (3'741'953) Flocke niederfiel – nicht mehr als nichts, wie du sagst –, brach der Ast!“
Damit flog sie davon.

Die Taube, seit Noahs Zeiten eine Spezialistin in dieser Frage, sagte zu sich nach kurzem Nachdenken:
„Vielleicht fehlt nur eines einzigen Menschen Liebe zum Frieden in der Welt!“

Quelle: unbekannt
Stichwörter: Liebe, Frieden, Weisheit

UND WAS HEISST, MIT LIEBE ARBEITEN?

Es heißt, das Tuch mit Fäden weben, die aus euren Herzen gezogen sind,
als solle euer Geliebter dieses Tuch tragen.

Es heißt, ein Haus mit Zuneigung bauen, als solle eure Geliebte darin wohnen.

Es heißt, den Samen mit Zärtlichkeit säen und die Ernte mit Freude einbringen,
als solle euer Geliebter die Frucht essen.

Es heißt, allen Dingen, die ihr macht, einen Hauch eures Geistes einflößen.

Arbeit ist sichtbar gemachte Liebe.

Und wenn ihr nicht mit Liebe, sondern mit Widerwillen arbeiten könnt, lasst besser eure Arbeit und setzt euch an das Tor des Tempels und nehmt Almosen von denen, die mit Freude arbeiten.

Denn wenn ihr mit Gleichgültigkeit Brot backt, backt ihr ein bitteres Brot,
das nicht einmal den halben Hunger des Menschen stillt.

Und wenn ihr die Trauben mit Widerwillen keltert, träufelt eure Abneigung
ein Gift in den Wein.

Und auch wenn ihr wie die Engel singt und das Singen nicht liebt,
macht ihr die Ohren der Menschen taub für die Stimmen des Tages und
die Stimmen der Nacht.

Quelle: Aus dem Buch, der Prophet von Khalil Gibran (1883-1931) ein Poet aus dem Libanon
Stichwörter: Gegenwärtigkeit, Arbeit, Qualität

DIE DÜNNEN FESSELN DER GEWOHNHEIT

Einem Dompteur gelingt es, einen Elefanten mit einem ganz einfachen Trick zu beherrschen: Er bindet das Elefantenkind mit einem Fuß an einen großen Baumstamm. So sehr es sich auch wehrt, es kann sich nicht befreien. Ganz allmählich gewöhnt es sich daran, dass der Baumstamm stärker ist als es selbst.

Wenn der Elefant erwachsen ist und ungeheure Kräfte besitzt, braucht man nur eine Schnur an seinem Bein zu befestigen und ihn an einen Zweig anzubinden, und er wird nicht versuchen, sich zu befreien. Denn er erinnert sich daran, dass er diesen Versuch unzählige Male vergebens unternommen hat.

Wie bei den Elefanten stecken auch unsere Füße nur in einer dünnen Schlinge. Doch da wir von Kindesbeinen an die Macht jenes Baumstammes gewohnt sind, wagen wir nicht, uns zu wehren. Und vergessen darüber, dass es nur einer einfachen mutigen Tat bedarf, um unsere Freiheit zu erlangen.

Quelle: Paulo Coelho, in „Unterwegs – Der Wanderer“
Stichwörter: Erziehung, Gewohnheit, Resignation

EINE GESCHICHTE ZUM VALENTINSTAG

Johannes und Katharina waren ein durchschnittliches Paar. Sie lebten in einem gewöhnlichen Haus in einer gewöhnlichen Straße in einer gewöhnlichen Stadt.

Wie jedes andere gewöhnliche Paar bemühten sie sich, einigermaßen über die Runden zu kommen und das Beste für ihre Kinder zu tun.

Sie waren auch noch auf eine andere Art gewöhnlich – sie hatten ständig ihre Reibereien. Ihre Gespräche drehten sich meist darum, was in ihrer Ehe alles falsch lief und wer daran schuld sei. Bis zu einem Tag, an dem ein höchst ungewöhnliches Ereignis stattfand. Am Frühstückstisch erwähnte Johannes nebenbei:

„Weißt du, Katharina, ich habe einen Zauberschrank. Immer, wenn ich diesen öffne, ist er voll mit perfekt gebügelten Hemden. Ich möchte dir danken, dass du diesen Schrank all diese Jahre gefüllt hast."

Katharina starrte ihren Mann über ihre Brille hinweg an. „Was willst du, Johannes?"

„Nichts. Ich möchte dich nur wissen lassen, dass ich diesen Zauberschrank sehr zu schätzen weiß."

Dies war das erste Mal, dass Johannes etwas so Sonderbares gesagt hatte, also vertrieb Katharina diesen Vorfall aus ihren Gedanken.

„Katharina, das war wieder ein großartiges Abendessen", sagte er eines Abends. „Ich weiß deine ganze Mühe sehr zu schätzen. Na, ich wette, in den letzten 17 Jahren hast du über 10.000 Mahlzeiten für mich und die Kinder zubereitet."

Dann: „Mensch, Katharina, unser Haus sieht toll aus. Du hast wirklich schwer gearbeitet, wie du nur immer passende Dekoration findest – da hast du echt ein Händchen dafür!" Und sogar: „Danke, Katharina, dass du einfach da bist. Ich genieße deine Gegenwart sehr und ich finde dich immer wieder wunderhübsch."

Katharina begann sich Sorgen zu machen. „Wo blieb der Sarkasmus, die Kritik?", fragte sie sich.

Ihre Sorge, dass etwas Eigenartiges mit ihrem Mann geschah, wurde durch die 16-jährige Lisa bestätigt, die klagte: „Papa ist übergeschnappt, Mama.
Er hat mir gerade gesagt, dass ich hübsch aussehe. Bei all dem Make-up und den schlampigen Kleidern hat er es trotzdem gesagt. Mama, das ist nicht Papa!
Was stimmt nicht mit ihm?"

Was auch immer nicht stimmte, Johannes hörte nicht auf damit. Tagein, tagaus fuhr er fort, sich nur auf das Positive zu konzentrieren. Als einige Wochen vergingen, begann Katharina, sich an das ungewöhnliche Verhalten ihres Mannes zu gewöhnen und sagte ihm sogar gelegentlich ein „Danke" oder „hab ich doch gern für dich gemacht."

Eines Tages passierte etwas so Eigenartiges, dass sie fast aus der Fassung geriet.

Nachdem das Paar ein großes Familienfest veranstaltet hatte, dankte Johannes Katharina vor allen Gästen für ihre einmaligen Kochkünste und großartigen Vorbereitungen für das gelungene Fest. Nachdem alle Gäste das Haus verlassen hatten, sagte Johannes: „Du siehst müde aus mein Schatz, weißt du was, heute erledige ich den Abwasch!"

„Danke, Johannes. Ich danke dir sehr!"

Katharinas Schritte waren jetzt ein wenig leichter, ihr Selbstvertrauen wurde wesentlich größer, sie schien nicht mehr so oft traurig zu sein, immer häufiger klang ein fröhliches Lachen durch das Haus.

„Ich mag Johannes neues Verhalten ganz gern, ich fühl mich richtig glücklich dabei“, dachte sie. Mit diesen Gedanken schlief Katharina ein.

Der nächste Morgen war Valentinstag. Katharina kroch zu Johannes unter die Bettdecke und diesmal war es Katharina, die sprach: „Johannes“, sagte sie, „ich möchte dir von Herzen danken, dass du all die Jahre immer für mich und die Kinder da warst, dass du seit all diesen Jahren zur Arbeit gehst und so gut für uns sorgst. Ich glaube, ich habe das immer vergessen zu erwähnen, außerdem – ICH LIEBE DICH, und ich würde dich jederzeit wieder heiraten. Danke!“

Johannes hat nie einen Grund für seinen grundlegenden Wandel verraten, so sehr Katharina auch auf eine Antwort drängte, und so wird es wahrscheinlich eines der Geheimnisse des Lebens bleiben. Aber es ist eines, mit dem man sehr gut leben kann.

Quelle: Aus „Hühnersuppe für die Seele“ – leicht abgeändert
Stichwörter: Achtsamkeit, Alltag, Anerkennung, Wertschätzung

DER KORB DES ALTEN MANNES

Es war einmal ein Waisenjunge. Er zog von Dorf zu Dorf, immer auf der Suche nach etwas Essbarem und einem Dach über dem Kopf.

Eines Tages traf der Junge auf einen alten Mann, der ebenfalls von Dorf zu Dorf wanderte. Sie beschlossen, gemeinsam weiterzugehen.

Der alte Mann trug einen großen, zugedeckten Weidenkorb, der offenbar sehr schwer war, denn der Alte lief tief gebeugt und stöhnte hin und wieder unter der Last. Als sie Rast an einem Bach machten, stellte der alte Mann seinen Korb erschöpft auf den Boden.

Der Junge fragte: „Soll ich deinen Korb für dich tragen?“

„Nein“, antwortete der Alte, „den Korb kannst du nicht für mich tragen. Ich muss ihn ganz allein tragen.“

„Was ist denn in dem Korb?“ fragte der Junge, doch er erhielt keine Antwort.

Viele Tage wanderten die beiden gemeinsam. Nachts, wenn der Alte glaubte, dass der Junge schlief, kramte er in seinem Korb herum und sprach leise mit sich selbst. Es kam der Tag, an dem der alte Mann nicht mehr weitergehen konnte. Er legte sich nieder, um zu sterben. Und er sprach zu dem Jungen: „Du wolltest wissen, was in meinem Korb ist, nicht wahr? In diesem Korb sind all die Dinge, die ich von mir selbst glaubte und die nicht stimmten. Es sind die Steine, die mir meine Reise erschwerten. Auf meinem Rücken habe ich die Last jedes Kieselsteines des Zweifels, jedes Sandkorn der Unsicherheit und jeden Mühlstein des Irrwegs getragen, die ich im Laufe meines Lebens gesammelt habe.

Aber ach – ohne sie hätte ich so viel weiter kommen können, im Leben.
Statt meine Träume zu verwirklichen, bin ich nur hier angekommen."
Und er schloss die Augen und starb.

Der Junge ging zu dem Korb und hob den Deckel ab.
Der Korb, der den alten Mann so lange niedergedrückt hatte, war leer.

Quelle: Gefunden in: Anleitung zum Positiven Denken von Shad Helmstetter
Stichwörter: Eigenverantwortung, Lebensqualität, Selbsterkenntnis

MIT GELD KANNST DU ...

Mit Geld kannst du ein Haus kaufen – aber kein Zuhause.
Mit Geld kannst du eine Uhr kaufen – aber nicht die Zeit.
Mit Geld kannst du ein Bett kaufen – aber keinen Schlaf.
Mit Geld kannst du ein Buch kaufen – aber kein Wissen.
Mit Geld kannst du einen Arzt kaufen – aber nicht Gesundheit.
Mit Geld kannst du eine Position kaufen – aber nicht Respekt.
Mit Geld kannst du Blut kaufen – aber nicht Leben.
Mit Geld kannst du Sex kaufen – aber nicht Liebe.

Quelle: Chinesisches Sprichwort
Stichwörter: Geld, Liebe, Werte

SEESTERNE RETTEN

Ein furchtbarer Sturm kam auf, der Orkan tobte.
Das Meer wurde aufgewühlt und meterhohe Wellen brachen
sich ohrenbetäubend laut am Strand.

Nachdem das Unwetter langsam nachließ, klarte der Himmel wieder auf.
Am Strand lagen aber unzählige von Seesternen,
die von der Strömung an den Strand gespült worden waren.

Ein kleiner Junge lief am Strand entlang,
nahm behutsam Seestern für Seestern in die Hand und
warf sie zurück ins Meer.

Da kam ein Mann vorbei. Er ging zu dem Jungen und sagte:
„Siehst du nicht, dass der ganze Strand voll von Seesternen ist?
Da kannst du nie alle zurück ins Meer werfen.
Was du da tust, ändert nicht das Geringste."

Der Junge schaute den Mann einen Moment lang an.
Dann ging er zu dem nächsten Seestern,
hob ihn behutsam vom Boden auf und warf ihn ins Meer.
Zu dem Mann sagte er: „Für ihn wird es etwas ändern!"

Quelle: unbekannt oder Porter Patrick
Stichwörter: Beharrlichkeit, Hilfsbereitschaft, Weitblick

DAS RÄTSEL DES KÖNIGS

Der weise König Akbar war es leid, dass sich seine Minister häufig stritten. Es waren zwar kluge Minister, die sich aber gegenseitig bremsten und damit auch den Fortschritt im Land von Akbar. Da rief Akbar eines Tages seine Minister zu sich. Er zeigte mit der Hand auf eine gespannte gerade Schnur und forderte die Minister auf: „Seht ihr diese Schnur? Eure Aufgabe sei es, diese zu kürzen, jedoch ohne sie zu verknoten oder auseinander zu schneiden. Und ihr dürft sie auch nicht berühren. Kürzt sie auf eine andere Art und Weise!"

Die Minister blickten wortlos auf die Schnur, rieben sich den Bart und wunderten sich, wie die Schnur gekürzt werden könnte, ohne abgeschnitten oder auch nur berührt zu werden. Selbst den Klügsten unter ihnen wollte keine Lösung für diese schwierige Aufgabe einfallen. „König, das ist nicht möglich!" sagten sie. „Kein noch so kluger Mensch kann dieses Rätsel lösen."

Da erhob sich der König, nahm wortlos eine zweite, längere Schnur und spannte sie neben die erste. Durch diese zweite, längere Schnur wurde die erste automatisch verkürzt ohne verknotet oder abgeschnitten oder berührt worden zu sein. „Seht her!", sagte der König. „Wir sollten die Meinung eines anderen weder antasten noch beschneiden, sondern nur unsere eigene Schnur daneben spannen. Dann möge der andere entscheiden, was länger und was kürzer, was besser oder schlechter ist. Wir sollen nicht für den anderen entscheiden, wir sollten ihm nur unsere eigene Wahrheit darlegen." ◀

Verfasser: unbekannt
Stichwörter: Herausforderung, Problemlösung, Akzeptanz, Blick für das Wesentliche

DEINE GEDANKEN GESTALTEN DEIN LEBEN

Ein Mann lebte mit seinem Stand am Straßenrand und verkaufte Würstchen. Er war schwerhörig, deshalb hatte er kein Radio. Er sah schlecht, deshalb las er keine Zeitung. Aber er verkaufte köstliche, heiße Würstchen. Dies sprach sich herum und die Nachfrage stieg von Tag zu Tag.

Er investierte in einen größeren Stand, einen größeren Herd und musste immer mehr Wurst und Brötchen einkaufen. Er holte seinen Sohn nach dessen Studium an der Universität zu sich, damit der ihn unterstützte.

Da geschah etwas …
Sein Sohn sagte: „Vater, hast du denn nicht im Radio gehört, eine schwere Rezession kommt auf uns zu. Der Umsatz wird zurückgehen – du solltest nichts mehr investieren!"

Der Vater dachte: „Nun, mein Sohn hat studiert, er schaut täglich Fernsehen, hört Radio und liest regelmäßig den Wirtschaftsteil der Zeitung. Der muss es schließlich wissen."

Also verringerte er seine Wurst- und Brötcheneinkäufe und sparte an der Qualität der eingekauften Waren. Auch verringerte er seine Kosten, indem er keine Werbung mehr machte. Und das Schlimmste: Die Ungewissheit vor der Zukunft ließ ihn missmutig werden im Umgang mit seinen Kunden.

Was daraufhin passierte? Es ging blitzschnell:
Sein Absatz an heißen Würstchen ging drastisch zurück.
„Du hast Recht mein Sohn“, sagte der Vater,
„es steht uns tatsächlich eine schwere Rezession bevor.“

Verfasser: unbekannt
Stichwörter: Arbeit, Qualität, Sichtweisen

DEINE BEGEISTERUNGSFÄHIGKEIT

Die Begeisterungsfähigkeit trägt deine Hoffnungen empor zu den Sternen.
Sie ist das Funkeln in deinen Augen, die Beschwingtheit deines Ganges,
der Druck deiner Hand und der Wille und die Entschlossenheit,
deine Wünsche in die Tat umzusetzen.

Quelle: Henry Ford, amerikanischer Automobilproduzent, 1863–1947
Stichwörter: Begeisterung, Hoffnung, Wünsche

HABT DEN MUT ...

Was keiner wagt, das sollt ihr wagen.
Was keiner sagt, das sagt heraus.
Was keiner denkt, das wagt zu denken.
Was keiner anfängt, das führt aus.
Wenn keiner ja sagt, sagt doch ja.
Wenn keiner nein sagt, sagt doch nein.
Wenn alle zweifeln, wagt zu glauben.
Wenn alle mittun, steht allein.
Wo alle loben, habt Bedenken.
Wo alle spotten, spottet nicht.
Wo alle geizen, wagt zu schenken.
Wo alles dunkel ist, macht Licht.

Verfasser: Lothar Zenetti
Stichwörter: Bereitschaft, Bewusstsein, Mut

ETWAS ZUM SCHMUNZELN

Ein älterer Mann in Phoenix ruft seinen erwachsenen Sohn in New York an und sagt am Telefon: „Ich hasse es, dir deinen Tag zu verderben, aber ich muss dir mitteilen, dass deine Mutter und ich dabei sind, uns scheiden zu lassen. Fünfundvierzig Jahre Elend sind einfach genug!“

„Vater, was redest du denn da?“, schreit der Sohn entsetzt in den Hörer.

„Wir halten gegenseitig unseren Anblick nicht mehr aus“, sagt der alte Mann. „Wir sind einander überdrüssig und es macht mich krank auch nur darüber zu erzählen. Also rufe deine Schwester in Chicago an und sag du es ihr!“ und er hängt auf.

Voller Bestürzung ruft der Sohn seine Schwester an, die bei der Nachricht explodiert: „Was um alles in der Welt, glauben sie denn? Sie wollen sich scheiden lassen? Warte, ich regle das!“

Augenblicklich ruft sie in Phoenix an und schreit den alten Vater an: „Ihr lasst euch NICHT scheiden, hörst du? Ihr tut nichts, bis ich da bin. Ich rufe gleich meinen Bruder zurück und wir werden beide morgen bei euch eintreffen. Bis dahin unternehmt ihr nichts, hast du mich verstanden?“

Während der alte Mann den Hörer auflegt, dreht er sich zu seiner Frau und sagt: „Sie kommen beide zu Weihnachten, Liebling, und ihren Flug zahlen sie auch selber.“ ◄

Quelle unbekannt – Gefunden bei Robert Betz
Stichwörter: Familie, Natur des Menschen, Weitblick

ERNTEN, WAS MAN SÄT …

Der Mann hieß Fleming und er war ein armer schottischer Bauer. Eines Tages, während er auf dem Felde arbeitete, hörte er Hilfeschreie aus dem nahe gelegenen Sumpf. Fleming ließ alles stehen und liegen und eilte zu helfen. Bald fand er einen zu Tode erschrockenen Jungen, bis zur Brust im Morast versunken, der verzweifelt versuchte, sich zu befreien. Bauer Fleming rettete den Burschen und bewahrte ihn damit vor einem fürchterlichen, langsamen Tod. Am nächsten Tag erschien eine Luxuskutsche auf dem ärmlichen Hof des schottischen Bauern. Ein elegant gekleideter Lord stieg aus und stellte sich als Vater des geretteten Knaben vor.

„Ich bin gekommen, um deine Tat zu belohnen", sagte er. „Das war doch selbstverständlich", stammelte Fleming. „Ich werde dafür keine Bezahlung annehmen."

In diesem Augenblick erschien des Farmers eigener Sohn in der Tür der armen Hütte. „Ist das dein Sohn?" fragte der Lord. Der Bauer bejahte.

„Dann möchte ich mit dir einen Handel abschließen", schlug der Lord vor.
„Ich nehme den Jungen mit und ermögliche ihm eine gute Ausbildung.
Wenn er nur annähernd so geartet ist wie sein Vater, dann wird er zu einem Mann heranwachsen, auf den du stolz sein kannst."

So kam der arme Junge auf die Schule in der Stadt. Nach einiger Zeit graduierte der Bauernsohn von der St. Mary's Hospital Medical School in London und – heute ist er in der ganzen Welt bekannt als Sir Alexander Fleming, der Mann, der das Penicillin entdeckte.

An dieser Geschichte bewahrheitet sich wieder:

Wenn du einem anderen hilfst, bringst du auch Freude und Segen in dein eigenes Heim. Bauer Fleming rettete einen Jungen, dessen nobler Vater Flemings Sohn belohnte, welcher die Welt mit einem wertvollen Medikament beschenkte.

Aber, diese Geschichte geht noch weiter.
Viele Jahre nach dem Vorfall im Sumpf erkrankte der Sohn des Lords an Lungenentzündung. Und was rettete ihm diesmal sein Leben? Dr. Flemings Penicillin. Dadurch also, dass sich der Lord dankbar an dem Retter seines Sohnes erwiesen hatte, erfuhr er wiederum eine Segnung in seiner eigenen Familie.

Oh –, da ist noch eine Sache, die dich interessieren wird.
Der Name des Adeligen war Lord Randolph Churchill. Und sein Sohn,
der von dem schottischen Bauern gerettet wurde,
war kein anderer als der Staatsmann Sir Winston Churchill. ◄

Quelle: unbekannt – konnte den Wahrheitsgehalt leider nicht überprüfen – diese Geschichte wird den obenstehenden Personen zugeschrieben.
Stichwörter: Belohnung, Dankbarkeit, Nächstenliebe

NUR FÜR HEUTE ... ICH HABE DIE WAHL!

Ich habe die Wahl!

Nur für heute will ich versuchen, diesen einen Tag zu leben – nicht mein ganzes Lebensproblem auf einmal anzupacken. Ich kann jetzt etwas tun, vor dem ich zurückschrecken würde, wenn ich das Gefühl hätte, ich müsste es mein ganzes Leben lang durchhalten.

Nur für heute will ich versuchen, glücklich zu sein, indem ich mir klarmache, dass mein Glück nicht davon abhängt, was andere tun oder sagen oder was um mich herum geschieht. Glück stellt sich ein, wenn ich mit mir im Frieden bin.

Nur für heute will ich versuchen, mich auf das auszurichten, was ist – nicht erzwingen, dass sich alles nach meinen Wünschen richtet. Ich will meine Familie, meine Freunde, meine Arbeit und meine Lebensumstände so annehmen, wie sie kommen.

Nur für heute will ich auf meine körperliche Gesundheit achten, ich will meine Verstandeskräfte üben, ich will etwas Spirituelles lesen.

Nur für heute will ich jemandem etwas Gutes tun, ohne dabei entdeckt zu werden – wenn jemand davon erfährt, zählt es nicht. Ich werde mindestens eine Sache tun, die ich nicht gerne tue, und ich will meinem Nächsten einen kleinen Liebesdienst erweisen.

Nur für heute will ich mich bemühen, zu jemandem, den ich treffe, freundlich zu sein. Ich will liebenswürdig sein, ich will so gut aussehen wie ich kann, mich kleidsam anziehen, leise sprechen und mich höflich benehmen. Ich will kein bisschen kritisieren, an keiner Sache etwas aussetzen, nicht versuchen, jemanden außer mir selbst zu verändern und niemandem Vorschriften machen.

Nur für heute will ich mir ein Programm machen. Ich will es machen, auch wenn ich es vielleicht nicht ganz befolge. Vor zwei Plagen will ich mich retten: Hast und Unentschlossenheit.

Nur für heute will ich aufhören zu sagen: „Wenn ich Zeit hätte." Ich werde nie für etwas „Zeit finden"; wenn ich Zeit haben will, muss ich sie mir nehmen.

Nur für heute will ich in der Stille meditieren – mich dabei auf Gott, wie ich ihn verstehe, auf mich selbst und auf meinen Nächsten besinnen. Ich will mich entspannen und nach Wahrheit suchen.

Nur für heute will ich keine Angst haben. Insbesondere werde ich mich nicht davor fürchten, glücklich zu sein – und mich an den guten, schönen und liebenswerten Dingen im Leben erfreuen.

Nur für heute will ich mich annehmen und nach meinen besten Kräften leben.

Nur für heute entschließe ich mich,
zu glauben, dass ich damit einen Tag leben kann.

Die Wahl habe ich! ◀

Quelle: Papst Johannes XXIII
Stichwörter: Alltag, Bewusstsein, Gegenwärtigkeit, Handeln

ES WAR EINMAL EIN ENGEL, DER ZUR ERDE KAM...

Es war einmal ein Engel, der zur Erde kam, um den Menschen und seine Welt kennen zu lernen. Die Schönheit der Welt überwältigte ihn. Er sah die sonnigen Gipfel und dunklen Wälder, den singenden Wind und die regenbogenfarbigen Täler. Die Erde war vom Tau geküsst, der Boden roch nach Leben, die Pflanzen erstrahlten in stillem Glanz und die Tiere waren wild und sanft. Überall sah er nur Schönheit.

Als er den Menschen traf, war er voller Ehrfurcht, denn er hörte die Musik des menschlichen Herzens und das Lied der menschlichen Seele. Er verliebte sich zutiefst in das Mysterium des Menschen.

Bald war seine Zeit vorüber, er musste wieder zurück und hatte Tränen in den Augen. Er fühlte sich so unglaublich bereichert durch dieses Abenteuer auf der Erde, dass er aus einfacher Freude heraus einigen von ihnen auf ihrem Weg helfen wollte. Da sah er vier Menschen miteinander gehen und sagte ihnen, sie hätten einen Wunsch frei. Wie der Zufall wollte, waren sie alle spirituelle Sucher.

Der erste sagte: „Ich habe unaufhörlich nach der göttlichen Wahrheit gesucht. Ich habe mich abgestrampelt, gekämpft, abgestrampelt und wieder gekämpft. Gib mir spirituellen Frieden." „Aber sich zu bemühen ist eine der Freuden des Lebens", sagte der Engel und verstand dessen Wunsch nicht. Nachdem der Sucher aber auf dem Wunsch bestand, verwandelte der Engel ihn in eine Kuh, die auf einer ruhigen Weide völlig zufrieden Gras kaute.

Ein wenig verstört wendete sich der Engel dem zweiten Menschen zu.
„Gott ist rein aber ich bin es nicht", sagte dieser. „Bitte befreie mich von allen Unreinheiten, von jeder Leidenschaft, Gefühlen und Sehnsüchten." „Aber ist das nicht die Quelle des Lebens?" fragte der Engel. „Aber ich will nicht leben, ich will Reinheit!" Der zweite Mensch bestand darauf und eine halbe Sekunde später verschwand er, verwandelt in einem entfernten Tempel als Marmorstatue.

Der dritte Mensch sagte: „Mache mich perfekt. Weniger als das kommt für mich nicht in Frage." Er verschwand und tauchte auch nicht mehr auf, denn nichts auf der Erde ist perfekt oder kann es jemals sein.

Der Engel wendete sich an den vierten Sucher. „Was ist dein Wunsch?"
„Ich habe keinen", antwortete der glückliche Mensch. „Keinen Wunsch?"
„Nein, ich möchte nur ganz und gar menschlich sein und lebendig."
Eine schon fast erstickte Freude begann im Engel wieder hoch zu keimen.
Er schaute liebevoll auf den gesegneten Menschen, lehnte sich über ihn und umarmte ihn in tiefer Liebe. Der vierte Mensch ging weiter auf seinem Weg und sang von der Schönheit Mensch zu sein. Er tanzte aus Lebensfreude.

Als der Engel von Gott gefragt wurde, welchen Wunsch er noch habe, sagte dieser: „Schicke mich zurück zur Erde und mache mich wie diesen vierten Menschen."

Lasse dies auch deinen Wunsch sein. ◀

Verfasser: unbekannt
Stichwörter: Begierde, Chance, Blick auf das Wesentliche

DAS HEMD EINES "GLÜCKLICHEN"

Ein Kalif lag sterbenskrank in seinen seidenen Kissen. Die Hakinus, die Ärzte seines Landes, standen um ihn herum und waren sich einig, dass nur eines dem Kalifen Heilung und Rettung bringen konnte: das Hemd eines glücklichen Menschen, das dem Kalifen unter den Kopf gelegt werden müsse.

Boten schwärmten aus und suchten in jeder Stadt, in jedem Dorf und in jeder Hütte nach einem glücklichen Menschen. Doch alle, die sie nach ihrem Glück fragten, hatten nur Sorgen und Kummer.

Endlich trafen die Boten, als sie ihre Hoffnung schon aufgeben wollten, einen Hirten, der lachend und singend seine Herde bewachte. Ob er glücklich sei?
„Ich kann mir niemanden vorstellen, der glücklicher ist als ich“, antwortete der Hirte lachend. „Dann gib uns dein Hemd“, riefen die Boten.

Der Hirte aber sagte: „Ich habe keins.“ Diese dürftige Botschaft, dass der einzige glückliche Mensch, den die Boten trafen, kein Hemd hatte, gab dem Kalifen Anlass nachzudenken. Drei Tage und drei Nächte ließ er niemanden zu sich kommen. Am vierten Tage schließlich ließ er die seidenen Kissen und seine Edelsteine unter dem Volk verteilen, und wie die Legende erzählt, war der Kalif von diesem Zeitpunkt an wieder gesund und glücklich.

Verfasser: Prof. Dr. med. Nossrat Peseschkian
Stichwörter: Bewusstheit, Eigenverantwortung, Glück, Zufriedenheit

HIMMEL ODER HÖLLE?

Nachdem ein Mann gestorben war, fand er sich an einem wunderschönen Ort wieder.

Ein anderer Mann in edler Kleidung kam auf ihn zu und sagte:
„Ich stehe zu Ihrer Verfügung. Sie können alles haben,
was Sie sich wünschen – alle erdenklichen Speisen und alle Besitztümer."

Der Mann freute sich und genoss die leckersten Speisen und all seinen neuen Besitz.

Nach einiger Zeit wurde es ihm langweilig und er rief den Mann in der edlen Kleidung zu sich. „Ich mag nichts Neues besitzen und ich mag auch nicht mehr essen. Ich brauche eine Aufgabe. Sag, welche Arbeit kannst du mir geben?"

Da schüttelte der andere langsam den Kopf und sprach:
„Es tut mir leid, aber diesen Wunsch kann ich Ihnen nicht erfüllen,
denn es gibt hier keine Arbeit für Sie."

Darauf rief der Mann: „Aber was soll ich denn tun?
Ebenso gut könnte ich in der Hölle schmoren!"

Der andere antwortete leise:
„Was glauben Sie, wo Sie hier sind?!"

Quelle: Nach Margret Stevens
Stichwörter: Alltag, Arbeit, Himmel/Hölle

DIE PARABEL VOM MODERNEN MENSCHEN

Es war einmal ein Mann, der hielt sich für sehr aufgeklärt. Er war überzeugt, ihm könne niemand etwas vormachen.

Eines Tages verirrte er sich in der Wüste. Nach vielen Tagen endlosen Laufens sah er, vor Hunger und Durst halb wahnsinnig, in der Ferne eine Oase.

„Lass dich nicht täuschen", sagte er sich, „du weißt genau, dass das eine Luftspiegelung ist. Die Oase existiert gar nicht wirklich, sie ist nur eine Fata Morgana."

Er näherte sich der Oase, doch sie verschwand nicht. Im Gegenteil: er sah Dattelpalmen, sah das Gras, sogar Felsen, zwischen denen ein Quell entsprang.

„Sei vorsichtig", warnte er sich wieder selbst. „Das ist alles nur eine Ausgeburt deiner Hungerfantasie."

Jetzt hörte er sogar das Wasser sprudeln. „Aha", dachte er sich, „ganz typisch! Eine Gehörhalluzination."

Am nächsten Tag fanden ihn zwei Beduinen tot. „Kannst du das verstehen?" sagte der eine. „Die Datteln wachsen ihm doch beinahe in den Mund? Wie ist das möglich?"

„Er hat nicht daran geglaubt", antwortete der andere, „er war ein moderner Mensch." ◄

Quelle: unbekannt
Stichwörter: Glaube, Resignation, Zweifel

ZEIT KANN MAN NICHT KAUFEN

Ein Geizhals hatte durch harte Arbeit, Handel und Geldverleihen dreihunderttausend Dinare zusammengebracht. Er besaß Ländereien und Häuser und viele andere Reichtümer. So beschloss er eines Tages, ein Jahr lang nur seinem Vergnügen zu leben und sich dann Gedanken über seine weitere Zukunft zu machen.

Sobald er aber aufgehört hatte, Geld zusammenzuraffen, erschien ihm der Todesengel, um sein Leben von ihm zu fordern. Mit all seinen Überredungskünsten versuchte der Geizhals, den Engel von seinem Vorhaben abzubringen, doch dieser schien unerschütterlich daran festzuhalten. Da sagte der Geizhals:
„Gewähre mir noch drei Tage, und ich will Dir ein Drittel meines Besitzes geben."
Der Engel jedoch lehnte ab und wollte mit dem Leben des Mannes auf und davon.

Da sagte der Mann: „Wenn Du mir nur noch zwei Tage schenkst, will ich Dir zweihunderttausend Dinare aus meinem Besitz geben." Doch auch darauf ließ sich der Engel nicht ein. Er war nicht einmal zu erweichen, als der Mann ihm für einen einzigen Tag seine gesamten dreihunderttausend Dinare anbot.

Schließlich bat der Geizhals: „Dann gib mir wenigstens noch Zeit genug, um ein paar Sätze aufzuschreiben." Dies gestand der Engel ihm zu und der Mann schrieb mit seinem eigenen Blute: „Mensch, mache weisen Gebrauch von Deinem Leben.
Ich vermochte nicht eine einzige Stunde für dreihunderttausend Dinare zu kaufen.
Darum gib acht, den Wert der Zeit zu erkennen!"

Quelle: Attar von Nischapur
Stichwörter: Reichtum, Werte, Zeit

Nimm dir Zeit

Nimm dir Zeit zum Arbeiten – Es ist der Preis des Erfolges.
Nimm dir Zeit zum Denken – Es ist die Quelle der Kraft.
Nimm dir Zeit zum Spielen – Es ist das Geheimnis ewiger Jugend.
Nimm dir Zeit zum Lesen – Es ist der Brunnen der Weisheit.
Nimm dir Zeit zum Träumen – Es bringt dich den Sternen näher.
Nimm dir Zeit zum Verweilen – Der Tag ist zu kurz, um hektisch zu sein.
Nimm dir Zeit zum Lachen – Es ist die Musik der Seele.
Nimm dir Zeit freundlich zu sein – Es ist der Weg zum Glück.
Nimm dir Zeit zu lieben – Es ist der wahre Reichtum des Lebens.

Quelle: Irische Weisheit
Stichwörter: Blick für das Wesentliche, Tagesplanung, Zeit

Es gibt nur ein Ziel ...

Es gibt nur ein Ziel, Deins.
Es gibt nur einen Weg dahin und das ist Deiner.

Quelle: unbekannt
Stichwörter: Erkenntnis, Weisheit, Ziele

DAS PFERD UND DER ESEL

Ein Bauer trieb ein Pferd und einen Esel, beide gleichmäßig beladen, zu Markte. Als sie schon eine gute Strecke vorwärts gegangen waren, fühlte der Esel seine Kräfte abnehmen. „Ach“, bat er das Pferd kläglich: „Du bist viel größer und stärker als ich, und doch hast du nicht schwerer zu tragen, nimm mir einen Teil meiner Last ab, sonst erliege ich.“

Hartherzig schlug ihm das Pferd seine Bitte ab: „Ich habe selbst meinen Teil, und daran genug zu tragen.“

Keuchend schleppte sich der Esel weiter, bis er endlich erschöpft zusammenstürzte.

Vergeblich hieb der Herr auf ihn ein, er war tot. Es blieb nun nichts weiter übrig, als die ganze Last des Esels dem Pferde aufzupacken und, um doch etwas von dem Esel zu retten, zog ihm der Besitzer das Fell ab und legte auch dieses noch dem Pferde oben auf.

Zu spät bereute dieses seine Hartherzigkeit. „Mit leichter Mühe“, so klagte es, „hätte ich dem Esel einen kleinen Teil seiner Last abnehmen und ihn vor dem Tode retten können. Jetzt muss ich seine ganze Last und dazu noch seine Haut tragen.“

Hilf zeitig, wo du helfen kannst. Hilf dem Nachbarn löschen, ehe das Feuer auch dein Dach ergreift.

Verfasser: unbekannt
Stichwörter: Hartherzigkeit, Hilfsbereitschaft, Nächstenliebe

ZWEI ENGEL

Zwei reisende Engel machten Halt, um die Nacht im Hause einer wohlhabenden Familie zu verbringen.

Die Familie war unhöflich und verweigerte den Engeln, im Gästezimmer des Haupthauses auszuruhen. Anstelle dessen bekamen sie einen kleinen Platz im kalten Keller.

Als sie sich auf dem harten Boden ausstreckten, sah der ältere Engel ein Loch in der Wand und reparierte es.

Als der jüngere Engel fragte, warum, antwortete der ältere Engel:
„Die Dinge sind nicht immer das, was sie zu sein scheinen."

In der nächsten Nacht rasteten die beiden im Haus eines sehr armen, aber gastfreundlichen Bauern und seiner Frau.

Nachdem sie das wenige Essen, das sie hatten, mit ihnen geteilt hatten, ließen sie die Engel in ihrem Bett schlafen, wo sie gut schliefen.

Als die Sonne am nächsten Tag den Himmel erklomm, fanden die Engel den Bauern und seine Frau in Tränen. Ihre einzige Kuh, deren Milch ihr alleiniges Einkommen gewesen war, lag tot auf dem Feld.

Der jüngere Engel wurde wütend und fragte den älteren Engel, wie er das habe geschehen lassen können?

„Der erste Mann hatte alles, trotzdem halfst du ihm“, meinte er anklagend.
„Die zweite Familie hatte wenig, und du ließest die Kuh sterben.“
„Die Dinge sind nicht immer das, was sie zu sein scheinen“, sagte der ältere Engel.

„Als wir im kalten Keller des Haupthauses ruhten, bemerkte ich, dass Gold in diesem Loch in der Wand steckte. Weil der Eigentümer so von Gier besessen war und sein glückliches Schicksal nicht teilen wollte, versiegelte ich die Wand, so dass er es nicht finden konnte.

Als wir dann in der letzten Nacht im Bett des Bauern schliefen, kam der Engel des Todes, um seine Frau zu holen. Ich gab ihm die Kuh anstatt dessen.
Die Dinge sind nicht immer das, was sie zu sein scheinen.“

Manchmal entwickeln sich die Dinge nicht genau so wie wir es uns vorstellen oder wünschen. Wenn du Vertrauen hast, werden sich all die Dinge so entwickeln, wie es Deinem höchsten Wohl dient. Manchmal bemerken und verstehen wir es erst, wenn ein bisschen Zeit vergangen ist … ◀

Verfasser: nach einer Geschichte von Hans Bemann
Stichwörter: Bewusstheit, Gegenwärtigkeit, Hilfsbereitschaft

WIR SIND ANGLER

Ein Mann saß eines Nachmittags an einem Bootssteg und angelte. Jedes Mal, wenn er einen Fisch fing, nahm er ein kleines Lineal aus seiner Tasche und maß den Fisch. Wenn er kleiner als 25 cm war, warf er den Fisch in seinen Eimer, um ihn mitzunehmen. Wenn er aber größer als 25 cm war, warf er ihn zurück ins Meer.

Ein anderer Mann, der in der Nähe saß und ihn beobachtete, dachte sich, dass der Mann verrückt sein musste, schließlich warf er immer die größeren Fische wieder zurück ins Wasser.

Nach einer Weile fragte er den Mann: „Entschuldigen Sie, warum werfen Sie die großen Fische zurück und behalten nur die kleinen?“ Der Angler antwortete: „Tja, das ist einfach: Meine Bratpfanne ist nur 25 cm groß!“

Nun, Sie lachen vielleicht bei dieser Antwort.
Was ich Ihnen aber heute sagen möchte ist Folgendes:
Sie und ich sind genau wie dieser Angler!
Jedes Mal sind wir wie dieser Angler, wenn wir Träume wegwerfen, die uns zu groß erscheinen, um sie zu erreichen.

Wenn man Träume in unser Herz legt und sie klein genug sind, dann ergreifen wir sie.

Wenn uns aber die Träume zu groß erscheinen und wir sicher sind, dass sie unmöglich sind, verfolgen wir sie nicht weiter, aus Angst zu versagen. Infolgedessen kehren wir einigen der größten Möglichkeiten, die das Leben uns jemals bietet, den Rücken! ◄

Quelle: Dr. Robert A. Schuller
Stichwörter: Bewusstsein, Einstellung, Träume

GLÜCK ODER UNGLÜCK ...

Unser Glück oder Unglück wird niemals von einer einzigen Person beziehungsweise Situation verursacht.

Wenn wir verstehen wollen, was uns wiederfährt, müssen wir uns um eine ganzheitlichere Sicht der Dinge bemühen. Wir sollten unser Verständnis der Wirklichkeit erweitern. Ziel ist es, die Vielzahl der voneinander abhängigen Ursachen und Bedingungen zu erkennen, die zu einer bestimmten Situation geführt haben.

Sobald wir dies verstanden haben, hat es keinen Sinn mehr, beispielsweise einen Menschen für eine Situation verantwortlich zu machen, die uns Schmerz bereitet. Wir müssen lernen, dass Aussagen wie: *„Es ist seine Schuld"* oder *„Die Umstände sind dafür verantwortlich"* keinen Sinn haben.

Diese Art der Wahrnehmung ist irreführend. Wir sind allein verantwortlich für das, was uns wiederfährt, sei es nun gut oder schlecht.
Das Gesetz des Karmas, das Gesetz von Ursache und Wirkung, das für alle Erscheinungen gleichermaßen gilt.

Dies zu verstehen und zu akzeptieren trägt zur Entwicklung geistigen Friedens bei. ◄

Quelle: Dalai Lama
Stichwörter: Frieden, Glück, Wahrnehmung

DIE DREI SÖHNE

Drei Frauen kamen an einen Brunnen, um Wasser zu schöpfen.
Sie sprachen von ihren drei Söhnen.

„Meinen Sohn solltet ihr singen hören", sagte die erste, „das tönt so schön, als wenn eine Nachtigall singen würde."

Die zweite sagte: „Mein Sohn ist stark und schnell. Er schleudert einen Stein fast bis zu den Wolken und fängt ihn wieder auf."

Die dritte schwieg.

Da fragten die anderen: „Und dein Sohn?"

„Was soll ich erzählen", sagte sie, „mein Sohn ist ein junger Bursche wie andere auch."

Nun machten sich die drei Frauen auf den Heimweg. Die Sonne brannte, der Wassereimer wurde schwer. Da kamen den drei Frauen deren drei Söhne entgegen. Der erste sang so schön wie eine Nachtigall, der zweite schleuderte Steine in die Luft und fing sie wieder. Der dritte aber lief zu seiner Mutter und nahm ihr den Eimer ab.

Ein alter Mann neben dem Brunnen hatte alles mit angesehen.
Eine der drei Frauen fragte ihn: „Nun, was sagst du zu unseren drei Söhnen?"

„Drei Söhne?", fragte der Alte, „Ich sehe nur einen." ◀

Quelle: Leo. N. Tolstoi
Stichwörter: Achtsamkeit, Blick für das Wesentliche, Hilfsbereitschaft

SANFTE KRAFT

Das Kloster an den Ufern des Rio Piedra liegt in einer üppigen Landschaft, einer wahren Oase inmitten der kargen Felder dieses Teils von Nordspanien. Hier wird der kleine Fluss zu einer wasserreichen Strömung und teilt sich in unzählige Wasserfälle.

Der Wanderer streift durch diesen Ort, lauscht dem Rauschen des Wassers.

Da entdeckt er hinter einem der Wasserfälle plötzlich eine Grotte. Er sieht den blankpolierten Stein, die schönen Formen, die die Natur geduldig geschaffen hat. Und er entdeckt auf einer Tafel die Verse von Tagore: „Nicht der Hammer hat diesen Steinen ihre vollendete Form gegeben, sondern das Wasser mit seiner Sanftheit, seinem Tanz und seinem Gesang.

Sanftheit gestaltet,
während Härte nur zerstört.“

Paulo Coelho, in „Unterwegs – Der Wanderer“
Stichwörter: Erkenntnis, Kraft, Sanftmut, Weisheit

DIE WÜNSCHE DES BAUERN

Es war einmal ein armer chinesischer Reisbauer, der trotz all seines Fleißes in seinem Leben nicht vorwärts kam. Eines Abends begegnete ihm der Mondhase, von dem jedes Kind weiß, dass er den Menschen jeden Wunsch erfüllen kann.

„Ich bin gekommen“, sagte der Mondhase, „um dir zu helfen. Ich werde dich auf den Wunschberg bringen, wo du dir aussuchen kannst, was immer du willst.“ Und ehe er sich versah, fand sich der Reisbauer vor einem prächtigen Tor wieder. Über dem Tor stand geschrieben: **„Jeder Wunsch wird Wirklichkeit.“**

„Schön“, dachte der Bauer und rieb sich die Hände, „mein armseliges Leben hat nun endlich ein Ende.“ Erwartungsvoll trat er durch das Tor.

Ein weißhaariger alter Mann stand am Tor und begrüßte den Bauern mit den Worten: „Was immer du dir wünschst, wird sich erfüllen. Aber zuerst musst du ja wissen, was man sich überhaupt alles wünschen kann. Daher folge mir!“

Der alte Mann führte den Bauern durch mehrere Säle, einer schöner als der andere. „Hier“, sprach der Weise, **„im ersten Saal** siehst du das Schwert des **Ruhmes**. Wer sich das wünscht, wird ein gewaltiger General; er eilt von Sieg zu Sieg und sein Name wird auch noch in den fernsten Zeiten genannt. Willst du das?“

„Nicht schlecht“, dachte sich der Bauer, „Ruhm ist eine schöne Sache und ich möchte zu gerne die Gesichter der Leute im Dorf sehen, wenn ich General werden würde. Aber ich will es mir noch einmal überlegen.“ Also sagte er: „Gehen wir erst einmal weiter.“

„Gut, gehen wir weiter“, sagte lächelnd der Weise.

Im zweiten Saal zeigte er dem Bauern das Buch der **Weisheit**. Wer sich das wünscht, dem werden alle Geheimnisse des Himmels und der Erde offenbar.

Der Bauer meinte: „Ich habe mir schon immer gewünscht, viel zu wissen. Das wäre vielleicht das Rechte. Aber ich will es mir noch einmal überlegen."

Im dritten Saal befand sich ein Kästchen aus purem Gold. Das ist die Truhe des **Reichtums**. Wer sich die wünscht, dem fliegt das Gold zu, ob er nun arbeitet oder nicht.

„Ha!", lachte der Bauer, „das wird das Richtige sein. Wer reich ist, der ist der glücklichste Mensch der Welt. Aber Moment – Glück und Reichtum sind ja zwei verschiedene Dinge. Ich weiß nicht recht. Gehen wir noch weiter."

Und so ging der Bauer von Saal zu Saal, ohne sich für etwas zu entscheiden. Als sie den letzten Saal gesehen hatten, sagte der alte Mann zum Bauern: „Nun wähle. Was immer du dir wünschst, wird erfüllt werden!"

„Du musst mir noch ein wenig Zeit lassen", sagte der Bauer, „ich muss mir die Sache noch etwas überlegen." In diesem Augenblick aber ging das Tor hinter ihm zu und der Weise war verschwunden. Der Bauer fand sich zu Hause wieder.

Der Mondhase saß wieder vor ihm und sprach: „Armer Bauer, wie du sind die meisten Menschen. **Sie wissen nicht, was sie sich wünschen sollen, sie wünschen sich alles und bekommen nichts. Was immer sich einer wünscht, das schenken ihm die Götter – aber der Mensch muss wissen, was er will …"** ◄

Verfasser: unbekannt
Stichwörter: Begierde, Eigenverantwortung, Entscheidungen, Wünsche

13 ZEILEN FÜR DAS LEBEN

1. Ich mag Dich, nicht weil Du bist, wer Du bist, sondern dafür, wer ich bin, wenn ich mit Dir zusammen bin.
2. Keine Person verdient Deine Tränen, und die, die sie verdienen, werden Dich nie zum Weinen bringen.
3. Nur weil Dich jemand nicht so liebt, wie Du es Dir wünschst, heißt das nicht, dass er Dich nicht mit ganzer Seele liebt.
4. Ein wahrer Freund ist der, der Deine Hand nimmt, aber Dein Herz berührt.
5. Die schlimmste Art, jemanden zu vermissen, ist die, an seiner Seite zu sitzen und zu wissen, dass er nie zu einem gehören wird.
6. Höre nie auf zu lächeln, auch dann nicht, wenn Du sehr traurig bist, denn Du weißt nicht, wer sich vielleicht in Dein Lächeln verliebt.
7. Du kannst für die Welt nur eine Person sein, aber für eine Person die ganze Welt bedeuten.
8. Verbringe Deine Zeit nicht mit jemandem, der sie nicht mit Dir verbringen möchte.
9. Vielleicht möchte Gott, dass Du im Laufe Deines Lebens viele falsche Menschen kennenlernst, damit Du, wenn Du die richtigen triffst, sie auch zu schätzen weißt und dankbar für sie bist.

10. Weine nicht, weil es vorbei ist, lache,
weil es überhaupt passiert ist.
11. Es wird immer Menschen geben, die Dich verletzen,
also musst Du weiter vertrauen und nur in Zukunft vorsichtiger sein,
wem Du ein zweites Mal vertraust.
12. Werde ein besserer Mensch und vergewissere Dich zu wissen,
wer Du bist, bevor Du jemand anderen kennenlernst und darauf wartest,
dass er weiß wer Du bist.
13. Strenge Dich nicht so an, denn die besten Dinge passieren,
wenn Du sie am wenigsten erwartest.

Quelle: Gabriel García Márquez
Stichwörter: Blick für das Wesentliche, Ratschläge, Werte

WER DIE WELT IN ORDNUNG BRINGEN WILL

Wer die Welt in Ordnung bringen will,
gehe zuerst dreimal durchs eigene Haus.

Quelle: Chinesisches Sprichwort
Stichwörter: Ordnung, Weisheit

DIE 4 KERZEN

Vier Kerzen brannten am Adventskranz. Es war ganz still. So still, dass man hörte, wie die Kerzen zu reden begannen.

Die erste Kerze seufzte und sagte: „Ich heiße Frieden. Mein Licht leuchtet, aber die Menschen halten keinen Frieden, sie wollen mich nicht." Ihr Licht wurde immer kleiner und verlosch schließlich ganz.

Die zweite Kerze flackerte und sagte: „Ich heiße Glauben. Aber ich bin überflüssig. Die Menschen wollen von Gott nichts wissen. Es hat keinen Sinn mehr, dass ich brenne." Ein Luftzug wehte durch den Raum, und die zweite Kerze war aus.

Leise und sehr traurig meldete sich nun die dritte Kerze zu Wort. „Ich heiße Liebe. Ich habe keine Kraft mehr zu brennen. Die Menschen stellen mich an die Seite. Sie sehen nur sich selbst und nicht die anderen, die sie liebhaben sollen." Und mit einem letzten Aufflackern war auch dieses Licht ausgelöscht.

Da kam ein Kind in das Zimmer. Es schaute die Kerzen an und sagte: „Aber, aber; ihr sollt doch brennen und nicht aus sein!" Und fast fing es an zu weinen.

Da meldete sich auch die vierte Kerze zu Wort. Sie sagte: „Hab keine Angst! Solange ich brenne, können wir auch die anderen Kerzen wieder anzünden. Ich heiße Hoffnung." Mit einem Streichholz nahm das Kind Licht von dieser Kerze und zündete die anderen Lichter wieder an. ◄

Verfasser: Elsbeth Bihler
Stichwörter: Frieden, Weihnachten, Glauben, Liebe, Hoffnung

SCHÄME DICH NIEMALS DEINER TRÄNEN ...

Schäme dich niemals Deiner Tränen.

- Sei stolz darauf, dass du noch natürlich bist.
- Sei stolz darauf, dass du das Unaussprechliche durch deine Tränen ausdrücken kannst.
- Diese Tränen sind deine Lieder, ungesungen.
- Diese Tränen sind dein Herz, das keine Worte gebrauchen kann.

Schäme dich niemals deiner Tränen.

Augen, die ihre Tränen verloren haben,
haben ihren schönsten, herrlichsten Schatz verloren.

Ich möchte, dass vor allem meine Leute absolut natürlich, vollkommen, unschuldig und ungehemmt sind. Und wenn Tränen fließen, dann freue dich: „Du bist noch immer lebendig. Weißt du denn nicht, dass Tote nicht weinen können? Tote können keine Tränen vergießen. Und die Leute, die glauben, sie seien lebendig und könnten nicht weinen und könnten keine Tränen vergießen, leben in einer Täuschung. Sie sind seit langem gestorben. An dem Tage, an dem ihre Tränen starben, starben auch sie, da ihre Liebe starb. Außer Liebe hast du keine Seele."

Quelle: Osho
Stichwörter: Bewusstheit, Liebe, Traurigkeit, Weisheit

DENKE, BEVOR DU URTEILST

Eines Nachts befand sich eine Frau am Flughafen. Sie musste mehrere Stunden auf ihren Flug warten. Während sie wartete, kaufte sie sich ein Buch und eine Packung Kekse, um sich die Zeit zu vertreiben. Sie schaute sich nach einem Platz zum Sitzen um und wartete.

Sie war vertieft in ihr Buch, als sie plötzlich einen jungen Mann bemerkte, der neben ihr saß und ohne jegliche Zurückhaltung seine Hände ausstreckte und nach der Packung Kekse griff, welche zwischen ihnen lag. Er begann einen Keks nach dem anderen zu essen.

Da sie deshalb nicht viel Aufhebens machen wollte, entschied sie sich ihn zu ignorieren. Die Frau, ein bisschen belästigt, aß die Kekse und beobachtete die Uhr, während der junge und schamlose Keksdieb dabei war die Packung leer zu essen. Die Frau begann sich an diesem Punkt zu ärgern, und dachte: „Wenn ich keine solch gute und erzogene Person wäre, hätte ich diesem kühnen Mann gleich ein blaues Auge verpasst."

Jedes Mal wenn sie einen Keks aß, nahm sich der Mann auch einen. Der Dialog zwischen ihren Augen setzte sich fort und als nur noch ein Keks übrig war, fragte sie sich, was er wohl nun tun würde. Sanft und mit einem nervösen Lächeln nahm der Mann den letzten Keks und brach es in zwei. Er bat eine Hälfte der Frau an, während er die andere Hälfte selbst aß.

Rasch nahm sie den Keks und dachte: „Was für ein unverschämter Mann! Wie unerzogen! Er hat mir nicht einmal gedankt!“ Sie hatte noch nie jemanden so kühnen getroffen. Erleichtert aufatmend hört sie, wie ihr Flug angekündigt wurde. Sie ergriff ihre Taschen und ging ohne zurück zu blicken wo der unverschämte Dieb saß.

Nach dem Einstieg in das Flugzeug, und nachdem sie sich gesetzt hatte, suchte sie nach ihrem Buch, welches bald ausgelesen war. Während sie in ihre Tasche blickte, fand sie, völlig überrascht, ihre Packung Kekse fast unberührt. „Wenn meine Kekse hier sind“, dachte sie, sich schrecklich mies fühlend, „waren die anderen seine, und er hat versucht, sie mit mir zu teilen.“

Es war zu spät, um sich bei dem jungen Mann zu entschuldigen. Sie begriff schmerzhaft, dass sie diejenige war, die unverschämt, unerzogen und ein Dieb gewesen war und nicht er.

Wie oft in unserem Leben waren wir uns einer Sache sicher und gewiss, nur um später zu entdecken, dass das doch nicht wahr war?

Wie oft hat unser mangelhaftes Vertrauen uns dazu verleitet, andere ungerecht zu verurteilen mit den Vorstellungen, die wir uns einbildeten, die aber oft weit weg von der Wirklichkeit und Wahrheit lagen? ◄

Quelle: unbekannt
Stichwörter: Achtsamkeit, Freundlichkeit, Meinungsbildung, Urteilen

DER GESCHICHTENERZÄHLER

An einem Sommermorgen, um die Zeit, da man das Vieh auf die Weide trieb, kam in die Stadt des Rabbi von Polnoe ein Mann, den niemand kannte, und er stellte sich mit seinem Wagen auf den Marktplatz. Den ersten, den er eine Kuh führen sah, rief er an und begann, ihm eine Geschichte zu erzählen, und sie gefiel ihrem Hörer so gut, dass er sich nicht losmachen konnte. Ein zweiter griff im Vorbeigehen ein paar Worte auf, wollte weiter doch vermochte es nicht, blieb stehen und lauschte. Bald war eine Schar um den Erzähler versammelt, und die wuchs noch stetig.

Mitten drin stand der Bethausdiener, der auf dem Wege gewesen war, das Bethaus zu öffnen; denn um acht Uhr pflegte darin der Rabbi zu beten, und rechtzeitig vorher musste es geöffnet werden.

Um acht Uhr kam der Rabbi ans Bethaus und fand es geschlossen; und da er von pedantischem und aufbrausendem Gemüt war, zog er im Zorn aus, den Diener zu suchen. Schon aber stand der vor ihm, denn der Erzähler hatte dem Diener einen Wink gegeben, von dannen zu gehen, und er war gelaufen, das Bethaus zu öffnen.

Der Rabbi fuhr ihn böse an und fragte, warum er seine Pflicht versäumt habe und warum die Männer fehlten, die sonst um diese Zeit schon da seien.

Der Diener erzählte: wie er, so seien auch alle, die auf dem Weg zum Bethaus waren, von der großen Geschichte des Erzählers unwiderstehlich angezogen worden.

Der zornige Rabbi war genötigt, das Morgengebet allein zu sprechen, dann aber befahl er dem Diener, sich auf den Markt zu begeben und den fremden Mann zu holen. „Den werd' ich verprügeln lassen!“ schrie er.

Indessen hatte der Erzähler seine Geschichte beendet und war in die Herberge gegangen. Dort fand ihn der Bethausdiener und richtete seinen Auftrag aus.

Der Geschichtenerzähler kam sogleich, seine Pfeife rauchend, und trat vor den Rabbi.

„Was fällt dir ein", schrie der ihm entgegen, „die Leute vom Beten abzuhalten!"

„Rabbi", antwortete der Erzähler gelassen, „es frommt euch nicht aufzubrausen. Lasst mich euch lieber eine Geschichte erzählen."

„Was fällt dir ein!" wollte der Rabbi ihn erneut anschreien, dabei aber sah er ihn zum ersten Mal richtig an. Er sah zwar gleich wieder weg; aber das Wort war ihm in der Kehle steckengeblieben. Denn schon hatte der Fremde zu erzählen begonnen, und der Rabbi musste nun lauschen wie alle.

„Ich bin einmal mit drei Pferden über Land gefahren", erzählte der Fremde, „mit einem Roten, einem Scheck und einem Schimmel. Und alle drei haben sie nicht wiehern können. Da ist mir ein Bauer entgegengekommen, der hat mir zugerufen: „Halt die Zügel locker!" So habe ich die Zügel gelockert. Und da haben sie alle drei zu wiehern angefangen."

Der Rabbi schwieg betroffen. „Ich verstehe", stammelte er und brach in Tränen aus. Er weinte und weinte, und als er wieder aufblickte, stand der Erzähler nicht mehr da und ward nie mehr gesehen. ◄

Quelle: Martin Buber, Die Erzählungen der Chassidim
Stichwörter: Begeisterung, Einsicht, Kommunikation

DIE SIEBENSACHEN

Es war einmal ein Vater. Der schenkte seiner Tochter eine kostbare Tasche. „Für deine ***Siebensachen***“, sagte er. Der Vater machte nie viele Worte.

„An welche ***Siebensachen*** denkst du?“, fragte die Tochter. „Das musst du selbst herausfinden“, antwortete der Vater. „Diese Tasche wird dir Glück bringen, füllst du sie mit den richtigen *sieben Sachen*!“

Da ging die Tochter des Weges und überlegte, wie die Tasche zu füllen sei.

Freiheit fiel ihr als erstes ein. Freiheit fülle ich ins größte Fach! Sie packte alle Freiheiten hinein, die sie lockten, die das Leben ihr bot. Eine nach der anderen. Nicht lange danach verliebte sich die Tochter. Leichtfüßig ging sie durchs Land. Die sieben Himmel der Glückseligkeit taten sich ihr auf. Und sie sammelte alle Funken der Liebe ein, die ihr entgegen sprühten.

Liebe dachte sie, kannst du nie genug haben. Sie füllte sie mit glücklicher Hand in ihre Tasche. Und dann fiel ihr ein drittes ein:

Vertrauen! Sie saß auf einem Stein, die Beine hochgezogen und träumte vor sich hin. Ohne Vertrauen – so dachte sie – geht nichts. Ohne Vertrauen zerbrechen Freundschaften. Ohne Vertrauen wachsen Ängste ins Uferlose, verliert die Liebe ihre Farbe. Auf etwas vertrauen können, an etwas glauben können muss der Mensch. Das gibt ihm Halt zum Weitergehen. Sie sprang auf und sortierte Vertrauen in die großen Seitenfächer ihrer Tasche.

Nach dem ersten Eifer verlor die Tochter die Lust, weiter nach den *Siebensachen* zu suchen. Sie hatte Wichtigeres zu tun. Sie stellte die Tasche in eine Ecke und hängte sich einen leichten Beutel über die Schulter. So tauchte sie unter im Getriebe der Tage. Was auf sie zu kam, kam auf sie zu. Was verloren ging, ging verloren.

Die Liebe litt Schmerzen.
Die Freiheit nahm Züge von Verlorenheit an.
Sieben Jahre gingen so ins Land.

An einer Wegkreuzung hielt die Tochter an, die Jahre zu überdenken.
Ein Kunterbunt wirbelte durch ihren Kopf. Sie erinnerte sich an vieles, an Reisen durch die Welt, an Glücksmomente, an Strähnen der Trauer, an Stillstand und Aufbruch. Da fiel ihr die Tasche wieder ein. Sollte sie wieder anfangen zu suchen nach den wichtigen *Siebensachen*?

Wachsamkeit schoss es der Tochter durch den Kopf. Wachsamkeit gehört noch in meine Tasche. Ohne Wachsamkeit läuft nichts!

Und an Mut dachte sie. Davon brauche ich ganz viel, sagte sie sich.
Mut gehört für mich zu den wichtigsten *Siebensachen* . Er ist die Triebfeder zum Vorwärts kommen!

Auch Toleranz legte sie behutsam hinzu. Toleranz, die zulässt und auffängt.
Toleranz, die den Horizont weitet, Toleranz, unter der Verstehen aufblüht im Grau des Alltags.

Aber – sprach der Vater nicht von *„sieben" Sachen*?

Die Tochter hatte erst sechs gesammelt.

Sie überlegte: Freiheit – Liebe – Vertrauen – Wachsamkeit – Mut – Toleranz.

Die Tasche war schon voll und sehr schwer. Konnte sie noch mehr aufnehmen? Waren sechs Dinge nicht genug? Was könnte zum Glück noch fehlen?

Ein wenig ratlos ging die Tochter ihrem Tun nach. Sie malte gerne und schnitzte. Nach sieben Tagen legte sie ihr Schnitzmesser an die Seite. Vor ihr stand eine Holzfigur. „Hoffnung" nenne ich dich, flüsterte sie und stellte die kleine Hoffnung ins Licht ihres Fensters.

Hoffnung, ich hab es gefunden, rief die Tochter überglücklich.
Die Hoffnung fehlte noch! Und sie füllte Hoffnung in die letzten Freiräume und Ritzen der Tasche. Hoffnung oben drauf als letztes und siebtes der *Siebensachen*.

Vorsichtig schloss sie nun ihre Tasche. Und – sie staunte –
beim Hochheben war sie nun federleicht. Da wusste die Tochter,
dass das Maß stimmte, dass mit der Hoffnung die Gewichte
des Lebens tragbar werden. ◀

Verfasser: unbekannt
Stichwörter: Liebe, Vertrauen, Hoffnung

TALMUD

Achte auf Deine Gedanken ⇨ *denn sie werden Worte*

Achte auf Deine Worte ⇨ *denn sie werden Handlungen*

Achte auf Deine Handlungen ⇨ *denn sie werden Gewohnheiten*

Achte auf Deine Gewohnheiten ⇨ *denn sie werden Charakter*

Achte auf Deinen Charakter ⇨ *denn er wird Dein Schicksal*

Quelle: Aus dem Talmud, geht zurück auf ein chinesisches Sprichwort, Charles Reade (1814–1884)
Stichwörter: Achtsamkeit, Bewusstsein, Eigenverantwortung, Gedanken

SOLANGE DU ...

„Solange du dem anderen sein Anderssein nicht verzeihen kannst,
bist du noch weit vom Wege der Weisheit."

Quelle: Weisheit aus China
Stichwörter: Akzeptanz, Vergebung, Weisheit

DIE HUNGRIGEN FRÖSCHE

Zwei Frösche, die sehr Hunger litten, denn es war schon Herbst und die Fliegen waren rar, kamen in den Stall eines Bauernhofes. Sie entdeckten dort zu ihrer Freude zwei Eimer mit frisch gemolkener Milch. Es war niemand in der Nähe, also fassten sie sich ein Herz und sprangen mit einem hohen Satz in die nahrhafte Flüssigkeit, der eine in den linken, der andere in den rechten Eimer. Sie tranken nach Herzenslust, bis sie gesättigt waren.

Wie groß aber war ihr Schrecken, als sie sahen, dass es kein Entrinnen gab. Die glatte Wand des Eimers machte all ihre Bemühungen, wieder auf festen Boden zu kommen, zunichte.

Der Frosch im linken Eimer war erschöpft. In seiner Todesnot rief er dem Kollegen zu: „Ich kann nicht mehr, es ist aus. Lebewohl."

Der andere ermunterte ihn: „Schwimm, solange du kannst, nicht aufgeben!" Doch vergebliche Liebesmüh. Der Frosch im linken Eimer streckte mutlos alle viere von sich und musste ertrinken.

Der Frosch im rechten Eimer dagegen ruderte und ruderte …
Am nächsten Morgen fand der Bauer im linken Eimer einen toten Frosch.
Im rechten Eimer aber saß munter ein Frosch auf einem Klümpchen Butter.

Mit einem Riesensprung rettete er sich ins Freie. ◄

Quelle: unbekannt
Stichwörter: Ausdauer, Beharrlichkeit, Chancen

WER DAS ZIEL KENNT...

Wer das Ziel kennt, kann entscheiden.

Wer entscheidet, findet Ruhe.

Wer Ruhe findet, ist sicher.

Wer sicher ist, kann überlegen.

Wer überlegt, kann verbessern.

Quelle: Konfuzius, chinesischer Philosoph, 551–479 v.
Stichwörter: Entscheidungen, Ziele, Weisheit

WEISHEIT DER WELT

„Alle Weisheit der Welt lässt sich in zwei Zeilen sagen:

Was für Dich getan wird – lass es geschehen.
Was Du selber tun musst – sieh zu, dass Du es tust."

Quelle: Sufi-Spruch
Stichwörter: Annehmen, Vertrauen, Weisheit

DAS BANKKONTO

Stelle dir vor, du hast bei einem Wettbewerb folgenden Preis gewonnen:

Jeden Morgen stellt dir die Bank 86.400 Euro auf deinem Bankkonto zur Verfügung. Doch dieses Spiel hat auch Regeln, so wie jedes Spiel bestimmte Regeln hat.

Die erste Regel ist:
Alles was du im Laufe des Tages nicht ausgegeben hast, wird dir wieder weggenommen, du kannst das Geld nicht einfach auf ein anderes Konto überweisen, du kannst es nur ausgeben. Aber jeden Morgen, wenn du erwachst,
eröffnet dir die Bank eine neues Konto mit neuen 86.400 Euro für den ganzen Tag.

Zweite Regel:
Die Bank kann das Spiel ohne Vorwarnung beenden, zu jeder Zeit kann sie sagen:
Es ist vorbei. Das Spiel ist aus.
Sie kann das Konto schließen und du bekommst kein neues mehr.

Was würdest du tun???
Du würdest dir alles kaufen, was du möchtest? Nicht nur für dich selbst,
auch für alle Menschen, die du liebst … vielleicht sogar für Menschen die du nicht kennst, da du das nie alles nur für dich alleine ausgeben könntest … .
Du würdest versuchen, jeden Cent auszugeben und ihn zu nutzen, *oder???*

Aber eigentlich ist dieses Spiel die Realität:
Jeder von uns hat so eine „magische Bank"...
Wir sehen das nur nicht ...
Die magische Bank ist die Zeit ....

Jeden Morgen, wenn wir aufwachen, bekommen wir 86.400 Sekunden Leben für den Tag geschenkt und wenn wir am Abend einschlafen, wird uns die übrige Zeit nicht gutgeschrieben ....

Was wir an diesem Tag nicht gelebt haben ist verloren, für immer verloren, gestern ist vergangen. Jeden Morgen beginnt sich das Konto neu zu füllen, aber die Bank kann das Konto jederzeit auflösen, ohne Vorwarnung ....

Was machst du also mit deinen täglichen 86.400 Sekunden???
Sind sie nicht viel mehr wert als die gleiche Menge in Euro?

Also fang an dein Leben zu leben! ◄

Quelle: unbekannt
Stichwörter: Eigenverantwortung, Lebensqualität, Reichtum, Zeit

DAS HIMMLISCHE MAHL

Ein reicher Mann starb und erwachte im Paradies.
Eine reich gedeckte Tafel verhieß wahrhaft himmlische Freuden.
Er fragte nach dem Preis der köstlichen Gerichte.

„Alles kostet nur einen Pfennig“, war die Antwort.

Der Mann freute sich, denn er war sehr reich.
Aber als er vorab bezahlen wollte, schüttelte man den Kopf:
„Bei uns gilt nur das Geld, das einer verschenkt hat.“

Da wurde der Mann traurig. Er war plötzlich bettelarm,
denn er hatte nie etwas in seinem Leben verschenkt.

Quelle: aus Asien
Stichwörter: Armut, Selbsterkenntnis, Weisheit

WENN DU LOSLÄSST…

Wenn du loslässt, hättest du zwei Hände frei.

Quelle: Chinesisches Sprichwort
Stichwörter: Erkenntnis, Freiheit, Loslassen

DIE SCHLAUEN MÜTTER

Thomas lebt in einer Wohngemeinschaft und hat seine Mutter zum Essen eingeladen. Während des Essens stellte sie fest, wie schön und sympathisch die Mitbewohnerin ihres Sohnes ist. Die Mutter spielte mit dem Gedanken, dass die beiden eine Beziehung haben könnten.

Während des Abends, als sie die beiden genau beobachtete, begann sie sich zu fragen, ob da noch mehr vorhanden sei, als das normale Auge zu sehen bekam.

Mutters Gedanken lesend, sagte der einfühlsame Sohn: „Ich weiß, was du denkst, aber ich versichere dir, dass wir nur miteinander wohnen."

Drei Tage später sagte Sabine zu Thomas: „Seit deine Mutter bei uns zum Essen war, kann ich meinen Föhn nicht mehr finden." Thomas antwortete ihr: „Nun, ich glaube kaum, dass meine Mutter diesen mitgenommen hat, aber ich werde ihr eine Mail senden."

So setzte Klaus sich hin und schrieb: „Liebe Mutter, seit deinem letzten Besuch fehlt unser Föhn. Ich sage nicht, du hast unseren Föhn mitgenommen. Und ich sage auch nicht, du hast ihn nicht mitgenommen. Aber der Punkt ist, dass dieser verschwunden ist." *In Liebe dein Thomas*

Umgehend erhielt Thomas eine Mail von seiner Mutter, in welcher stand: „Lieber Thomas, ich sage nicht, dass du mit Sabine schläfst. Und ich sage auch nicht, dass du mit Sabine nicht schläfst. Aber der Punkt ist, wenn sie in ihrem eigenen Bett geschlafen hätte, hätte sie den Föhn schon längst gefunden." *In Liebe, deine Mutter* ◄

Quelle unbekannt – leicht geändert
Stichwörter: Kreativität, Menschenkenntnis, Natur des Menschen

SING, MICHAEL SING

Als Karen feststellte, dass sie wieder schwanger war, tat sie das, was alle guten Mütter tun: sie half ihrem 3-jährigen Sohn Michael, sich auf sein kleines Geschwisterchen vorzubereiten.

Nachdem sie schon bald wussten, dass das neue Baby ein Mädchen war, legte Michael den Kopf auf den Bauch seiner Mutter und sang Tag für Tag und Nacht für Nacht seiner Schwester Lieder vor. Das ging so über die ganzen Monate.

Die Schwangerschaft verlief normal für Karen und als ihre Zeit gekommen war, setzten starke Wehen ein. Alle fünf Minuten … jede Minute … Stunden um Stunden kamen die Wehen und plötzlich gab es Komplikationen. Würde ein Kasierschnitt notwendig werden? Doch endlich wurde Michaels kleine Schwester geboren. Aber ihr Zustand war kritisch.

Mit heulenden Sirenen wurde das Baby noch in der Nacht in die Intensivstation für Neugeborene in ein spezielles Krankenhaus gefahren. Die Tage verrannen … langsam, allzu langsam, und dem kleinen Mädchen ging es schlechter und schlechter … Bis der Kinder-Spezialist den Eltern sagte: „Es gibt keine Hoffnung mehr, seid auf das Schlimmste vorbereitet."

Karen und ihr Mann nahmen traurig Kontakt mit einem Beerdigungsunternehmen auf, suchten auf dem Friedhof ein kleines Stückchen Erde aus und bereiteten sich auf die Beerdigung vor. Dabei hatten sie in ihrem Haus einen ganz besonders schönen Raum eingerichtet für ihr neues Baby. Und nun planten sie für eine Beerdigung.

Immer und immer wieder bettelte Michael seine Eltern an, ihn doch seine Schwester sehen zu lassen. „Ich möchte ihr vorsingen", sagte er. Die zweite Woche auf der Intensiv-Station. Und es schien, als ob die Beerdigung noch vor Ablauf dieser Woche stattfinden würde. Michael nörgelte immer noch, er wolle seiner Schwester unbedingt vorsingen, aber kleine Kinder waren auf der Intensiv-Station nicht erlaubt.

Da setzte Karen ihren Kopf durch. Sie würde Michael einfach mitnehmen, ob es nun erlaubt war oder nicht. Wenn er seine Schwester jetzt nicht sehen könnte, würde er sie nie lebend gesehen haben. Sie nahm ihn einfach mit und marschierte mit ihm in die Intensiv-Station. Aber eine Schwester bemerkte, dass er noch ein Kind war und bellte: „Bring das Kind raus! Hier sind keine kleinen Kinder erlaubt!" Die Mutter in Karen fühlte eine Stärke in sich und die ansonsten zurückhaltende Frau starrte mit stählernem Blick in das harte Gesicht der Schwester. Und ihre Lippen waren wie ein Strich als sie sagte: „Er geht nicht. Nicht bevor er seiner kleinen Schwester vorgesungen hat!"

Karen schob Michael zu seiner Schwester. Er starrte auf das winzige Geschöpfchen, das im Begriff stand, den Kampf um sein kleines Leben zu verlieren. Und Michael begann mit Inbrunst zu singen.

Mit der reinen, klaren Stimme eines dreijährigen Kindes sang er: „You are my sunshine, my only sunshine, you make me happy, when skies are gray …"
Und das Baby reagierte augenblicklich. Der Puls wurde ruhig und gleichmäßig. ---

Sing weiter Michael --- „You never know, dear, how much I love you. Please don't take my sunshine away" --- Das abgerissene, stolprige Atmen des Babys wurde ruhig und gleichmäßig, wie das Schnurren einer Katze --- Sing weiter, Michael … Sing weiter, Michael! … Und Michael sang weiter …

„The other night, dear, as I lay sleeping, I dreamed I held you in my arm" --- Michaels kleine Schwester entspannte sich, lag ruhig und schlief der Genesung entgegen --- Sing weiter Michael … Sing weiter Michael … Sing, sing … sing … Sing weiter Michael !

Tränen rannen über das Gesicht der sturköpfigen Schwester und machten es überraschend weich und Karens Gesicht leuchtete.

„You are my sunshine, my only sunshine. Please don't take my sunshine away …!"

Die Beerdigungsvorbereitungen wurden gestoppt und dann ganz abgesagt. Wichtig war nur noch der nächste Tag … noch ein Tag … ein weiterer Tag … und dann war das kleine Mädchen außer Lebensgefahr und so weit hergestellt, dass es nach Hause konnte.

Das Women's Day Magazine nannte es „Das Wunder vom Lied des Bruders".
Der medizinische Stab nannte es schlicht nur „Wunder".
Karen nannte es „Das Wunder von Gottes Liebe".

Deshalb – Gib nie auf, wenn es um Menschen geht, die du liebst. ◄

Quelle: Women's Day Magazine
Stichwörter: Chancen, Glaube, Hoffnung, Wunder

STICHWORTVERZEICHNIS

AUTORIN

Gisela Rieger
1968 geb. in Eggenfelden

Kontakt: www.gisela-rieger.de
info@gisela-rieger.de

Sie lebt seit 2008 im Chiemgau und leitet, inspiriert von der herrlichen Berg- und Seenlandschaft, Firmentrainings, Seminare, Workshops und Vorträge, vor allem im Bereich Team- und Persönlichkeitsbildung. Ihre Methodik ist individuell auf das Team und den einzelnen Menschen zugeschnitten, erlebnisorientiert und facettenreich.

Es ist Teil ihrer Lebensphilosophie geworden, Menschen auf vielfältige und wirksame Weise in ihren Entwicklungsprozessen zu unterstützen und zu begleiten.

Sie folgt dabei ihrer natürlichen Berufung und Leidenschaft als Teamtrainerin, professionell und mit offenen Herzen, in Teams wieder ein erfolgreiches, harmonisches Miteinander zu schaffen.

Dipl. erlebnisorientierte Teamtrainerin (CP)
Zertifizierte Systemische Beraterin (Univ.)
Persönlichkeitstrainerin
Coach und Autorin

Haben Sie auch eine Lieblingsgeschichte?
Kennen Sie weitere Erzählungen, Weisheiten oder Zitate?

Schicken Sie mir Ihre Geschichte, ich freue mich!

Gisela Rieger

Sinn-volle Geschichten I

77 Weisheiten, Erzählungen und Zitate, die berühren und inspirieren.
128 Seiten, Format 15 x 15 cm
Mit zahlreichen Bildern und Zeichnungen
9,80 € (D) / 10,10 € (A) / 16,80 sFr
ISBN 978-3-940 562-85-2 (Softcover)

Dieses Buch ist eine Fundgrube von besonderen Geschichten für besondere Menschen: Geschichten zum selbst lesen oder zum Vorlesen. Geschichten die zum Nachdenken anregen – geschrieben und gesammelt für Menschen, die sich gerne auf einfache und nachhaltige Weise berühren und inspirieren lassen.

Das aufwändige Stichwortverzeichnis erleichtert das Finden von passenden Geschichten für viele Gelegenheiten und Situationen. Treten Sie ein in die Welt der Erzählungen und lassen Sie sich verzaubern und bereichern. Auch ideal zum Verschenken!

Zielgruppen:

- Für Seminarleiter, Trainer, Lehrer, Gruppenleiter, etc.
- Für alle, die schöne, hintergründige und berührende Texte lieben.

Vorankündigung

Band 3 der Geschichten-Sammlung erscheint voraussichtlich im Juli 2013 in ihrem ZIEL-Verlag
ISBN 978-3-940 562-93-7
www.ziel-verlag.de

Gelbe Reihe : Praktische Erlebnispädagogik

ziel

Annette Reiners

Praktische Erlebnispädagogik I

Bewährte Sammlung motivierender Interaktionsspiele – Band I
9. überarbeitete Auflage
172 Seiten, Format 20 x 24 cm
19,80 € (D) / 20,40 € (A) / 35,00 sFr
ISBN 978-3-940 562-86-9 (Softcover)

Mit fast 60.000 verkauften Exemplaren ist dieses Buch innerhalb kürzester Zeit zu einem Klassiker der erlebnispädagogischen Praxis geworden! Hier finden Einsteiger im Bereich der Erlebnispädagogik zuerst einige Hintergründe zur Interaktions- und Erlebnispädagogik, danach werden verschiedene Interaktionsaufgaben und erlebnispädagogische Spiele vorgestellt. Diese sind übersichtlich in verschiedene Stufen sowie Nachbesprechungshilfen strukturiert. Hinweise auf Ziel der Übung, das benötigte Material, die Gruppengröße, empfohlenes Alter der Teilnehmer sowie der Spieldauer sind sehr hilfreich für die praktische Umsetzung. Nützlich sind auch die Hinweise auf die Erfahrungen, die mit den Aufgaben gemacht wurden. Das Buch ist sehr empfehlenswert für die Arbeit mit Kindern und Jugendlichen in Schule, Jugendarbeit und Freizeit, aber auch gut in der Erwachsenenbildung und Personalentwicklung einsetzbar.

Aus dem Inhalt:

- Erlebnis- und Interaktionspädagogik
- Das Hahn'sche Konzept
- Aktualität der Erlebnispädagogik
- Die Frage nach dem Transfer
- Interaktionspädagogik und soziales Lernen
- Beschreibung von Interaktionspädagogik
- Interaktionsspiele in der Erlebnispädagogik
- Die Qualifikation eines Erlebnispädagogen
- Übersicht der Spiele – Interaktionsspiele der zweiten und dritten Stufe
- Nachbesprechungshilfen

Annette Reiners

Praktische Erlebnispädagogik II

Neue Sammlung handlungsorientierter Übungen für Seminar und Training – Band 2
2. überarbeitete Auflage
272 Seiten, Format 20 x 24 cm
73 Illustrationen, 68 Abbildungen
19,80 € (D) / 20,40 € (A) / 35,00 sFr
ISBN 978-3-937 210-90-2 (Softcover)